NONGCUN ZHONGXIAOXUE JIAOSHI
SHENGREN TEZHI YU XUESHENG XUEXI ZHILIANG DE
SHIZHENG YANJIU

农村中小学教师胜任特质与学生学习质量的实证研究

李三福　谭千保◎著

教育科学出版社
·北京·

出 版 人　李　东
责任编辑　刘明堂　王晶晶
版式设计　杨玲玲
责任校对　贾静芳
责任印制　叶小峰

图书在版编目（CIP）数据

农村中小学教师胜任特质与学生学习质量的实证研究／
李三福，谭千保著. —北京：教育科学出版社，2016. 11
　ISBN 978-7-5191-0813-7

　Ⅰ. ①农⋯　Ⅱ. ①李⋯　②谭⋯　Ⅲ. ①农村学校—中
小学—师资培养—研究—中国②农村学校—中小学—教学
质量—研究—中国　Ⅳ. ①G635.12②G632.0

　中国版本图书馆 CIP 数据核字（2016）第 247402 号

农村中小学教师胜任特质与学生学习质量的实证研究
NONGCUN ZHONGXIAOXUE JIAOSHI SHENGREN TEZHI YU XUESHENG XUEXI ZHILIANG DE
SHIZHENG YANJIU

出版发行	教育科学出版社		
社　　址	北京·朝阳区安慧北里安园甲 9 号	市场部电话	010-64989009
邮　　编	100101	编辑部电话	010-64989419
传　　真	010-64891796	网　　址	http://www.esph.com.cn
经　　销	各地新华书店		
制　　作	北京金奥都图文制作中心		
印　　刷	北京玺诚印务有限公司		
开　　本	169 毫米×239 毫米　16 开	版　　次	2016 年 11 月第 1 版
印　　张	13	印　　次	2016 年 11 月第 1 次印刷
字　　数	199 千	定　　价	35.00 元

如有印装质量问题，请到所购图书销售部门联系调换。

前　言

　　《国家中长期教育改革和发展规划纲要（2010—2020年）》提出，要建立城乡一体化义务教育发展机制，在财政拨款、学校建设、教师配置等方面向农村倾斜，加快缩小城乡差距。以农村教师为重点，提高中小学教师队伍整体素质成了农村教育发展的关键。2015年，国务院办公厅发布《乡村教师支持计划（2015—2020年）》，这对解决当前乡村教师队伍建设领域存在的突出问题，促进教师队伍整体水平提高具有极为重要的意义。尽管在本课题立项时，我们无法预知这些重要政策的出台，但我们坚定地认为农村教师问题的解决与农村师资水平的整体提升关乎基础教育的均衡发展，关乎农村学生的学习质量和农村学生的上升通道，关乎教育公平甚至社会和谐。

　　一些有识之士很早便关注农村教育发展和农村中小学教师的素质提升，教师胜任特质就是其中的重要选题之一。研究者们对教师胜任特质的模型加以探讨，丰富了教师胜任特质的内涵；学者们积极剖析优秀教师的胜任特质，力求探寻一条通向卓越教师的路径；理论研究者与实践工作者们关心教师与学生发展的关系，希望为学生的成功发掘更多要素，奠定更坚实的基础。毫无疑问，这些行动是我们希望做的，也是我们正在做的。本书试图从实证的角度，探究农村中小学教师胜任特质与学生学习质量的关系，并提出教师胜任特质发展与学生学习质量提升的措施。具体而言，我们做了以下方面的探讨与研究。

　　第一，基于前人研究和本研究构思，界定了教师胜任特质和学生学习质量的内涵，着重梳理教师胜任特质与学生学习质量的研究进展。同时，在此基础上展现本研究的研究意义以及现实价值，以帮助人们认识本书的主要出发点和期望达成的目标。

　　第二，探索农村中小学教师的胜任特质及其特点，主要涉及中小学教师胜任特质总体发展水平、城乡中小学教师胜任特质的比较分析、农村中小学教师胜任特质的人口学变量特点等方面。我们试图通过实证调查展现农村中小学教师胜任特质的发展现状，使其成为人们了解农村中小学教师发展的一个"小窗口"。

　　第三，探讨农村中小学教师胜任特质的影响因素，主要包括教师职业认同、教师专业发展、学校领导方式、学校文化、社会支持等方面。本研究着重对此展开深入研究，主要原因之一是以往研究过于关注教师胜任特质本身，而在不同程度上忽视了影响教师胜任特质发展的因素。当然，关注教师胜任特质成分是重要的基础性工作。我们认为，关注农村中小学教师胜任特质的影响因素，是探寻教师胜任特质发展的必由之路。

　　第四，解析农村中小学生的学习质量及其特点。在编制中小学生学习质量调查问卷的基础上，比较分析城乡中小学生的学习质量，分析农村中小学生学习质量的人口学变量特点。就这点而言，我们试图在前人研究的基础上做些改变与创新，不再简单地从学习成绩指标考察学生学习质量，而是要求学生根据课程标准，评价自身知识掌握度、情感与意志表现和相应的行为倾向。

　　第五，分析农村中小学生学习质量的影响因素，涉及的因素有人际关系、学业情绪、学习态度、学习动机等。本研究通过大样本的调查，揭示了中小学生的学习心理、人际特征的现状，展现了城乡差异现状，探讨了它们对学生学习质量的影响。这些无疑有助于农村中小学教育教学政策的制定，并为维护农村中小学生的心理健康提供理论依据和方法借鉴。

　　第六，剖析中小学教师胜任特质与学生学习质量的关系。这项研究工作主要体现在以下两个方面：一是以实证调查为依据，以班级为单位，调查教师的胜任特质和学生的学习质量，获取相关的调查数据，探讨二者之间的关系；二是以个案分析为基础，分析中小学教师胜任特质与学生学习质量的关系，不仅展示优秀教师的胜任特质，而且为揭示两者关系提供另一视角的证据。

　　第七，重点探寻农村中小学教师胜任特质与学生学习质量的提升对策。在前面论述的基础上，我们试图以"问题意识"为导向，考察农村中小学教师胜任特质的发展困境以及农村中小学生学习上存在的主要问题。同时，在对策分析上进行了两个方面的努力：一是基于发展困境谈农村中小学教师胜任特质的提升对策；二是基于教师胜任特质谈农村中小学生学习质量的提升对策。希望通过这些论述，凸显农村中小学教师胜任特质与学生学习质量二者良性发展的真实图景，并表达发展农村中小学教师胜任特质的美好愿景。

第八，反思中小学教师胜任特质与学生学习质量研究，并展望未来的研究方向和领域。研究先反思与展望了中小学教师胜任特质研究，接着反思与展望了中小学生学习质量研究，最后反思了教师胜任特质与学生学习质量的关系研究，力图在此基础上剖析本研究及以往的研究，并简单勾勒未来可以深入研究和探讨的方向、领域及路径。

尽管我们强调从实证的角度来阐释农村中小学教师胜任特质与学生学习质量，并考量二者的关系，但我们深知还有诸多问题值得深入探讨。面对日益突出的农村教育问题，我们希冀有更多的研究者重视农村中小学教师的发展和农村中小学学生的成长，积极投身理论研究和实践探索，为提高农村中小学教育教学质量，促进教师专业发展和学生茁壮成长献计献策。

目　　录

第一章　导　论

我国教育质量，特别是义务教育阶段的教育质量，尽管在一系列国家教育改革及政策支持中不断提升，但是依然存在一些问题，如学生自主学习能力、创新能力、实践能力依然落后于发达国家，欠缺团队精神等，而教师队伍整体素质不高是导致这些问题的一个重要原因。可以说，教师胜任特质影响到学生的成长，关系到教育质量的提高与教育的可持续发展。本研究主要以农村中小学教师与农村中小学生为对象，通过实证研究的方式考察农村中小学教师的胜任特质与农村中小学生的学习质量，并探索二者的关联和相关促进策略。

第一节　概念界定

一、教师的胜任特质

胜任特质（competence 或 competency，又译为胜任特征、胜任力、胜任素质、胜任能力等）一词源于拉丁语 competere，由美国哈佛大学著名心理学家麦克莱兰（D. C. McClelland）提出，本意是指能够区分在特定的工作岗位和组织环境中绩效水平的个人特征。

教师胜任特质的概念是在胜任力概念的基础上加入教师的职业特征形成的。奥尔松（C. O. Olson）与怀特（J. L. Wyett）认为，教师胜任特质指能使教师成功实施教学的专业知识、专业技能和专业价值观，是教师的个体特征

（Olson，Wyett，2000）。国内学者徐建平认为，教师胜任特质是指"在学校教育教学工作中，能将高绩效表现的优秀教师与一般普通教师区分开来的个体潜在的特征，主要包括能力、自我认识、动机及相关的人格特点等个人特征"（徐建平，2004）。这两种定义有一定的区别，徐建平认为教师胜任特质的内涵中包括个体特征，这一点在不少国内学者的相关研究中得到体现。

虽然上述有关胜任特质的定义各有特色，各有差别，分析起来，它们大致包含以下共同特征：第一，都包含个人的一些特征，如技能、特质、动机等；第二，都与工作的表现关联，具有区分显著绩效人员和一般绩效人员的特征；第三，胜任特质与工作环境相关；第四，教师胜任特质的概念是在胜任特质概念的基础上加入教师的职业特征形成的。

本研究认为，农村中小学教师胜任特质是指农村中小学教师具备的、与实施有效教学紧密相关的品质。它蕴含于农村中小学教师所具备的专业知识与专业技能、专业能力与教学智慧、专业情感与专业态度、专业动机与自我意识及职业道德与价值观之中，能将表现优秀的高绩效教师与表现一般的普通教师区分开来，是农村中小学教师实施有效教学的必备素养。

二、学生的学习质量

何谓学习质量？赵川平在其研究中将学习质量定义为与学生学习有关的各种特征的总和，其中学生的需求不仅是当时学生能清晰表达的，而且包括那些隐含的、潜在的需求（赵川平，2005）。我们认为，学习质量是指在读中小学生在德智体等方面的发展状况，即学生根据课程标准，对自身知识掌握度、情感与意志表现和相应行为倾向的评价。

在过去的研究与教育实践中，人们倾向于将学习成绩当作学习质量的评价指标，这虽然简捷方便，但这种评价方法将学生评价中反馈的信息简化成分数，忽略了其包含的多种信息。评价方法的窄化与评价结果的简化，直接导致评价偏离学生发展，没能真正起到促进学生全面发展和进步的作用。因此，本研究采用学生自评的方式对学生学习质量进行评价。

第二节 研究现状

一、教师胜任特质的研究

（一）教师胜任特质研究的缘起

胜任特质是人力资源管理领域的一个概念，与其相关的研究可追溯到 20 世纪 50 年代，弗拉纳根（J. Flanagan）在他的文章中提出了关键事件技术（critical incident technique，CIT），确立了一种新的考察个体行为的方法（Flanagan，1954）。1973 年美国哈佛大学教授麦克莱兰发表了《测量胜任特质而非智力》（*Testing for Competence rather than for Intelligence*）一文，他主张用胜任特质评估来代替传统的学业成绩和能力倾向测试，并提出了基于胜任特质的有效测验的原则（McClelland，1973）。该理念的提出掀起了胜任特质研究的热潮，也成为"胜任特质运动"的标志。随后，胜任特质研究的创始人麦克莱兰创建了麦克伯（McBer）管理咨询公司，他把在选拔优秀外交官员时运用的胜任特质测评方法和思想应用于管理领域，这对传统的人力资源管理及测评技术提出了挑战（罗小兰，2007）。在此基础上，胜任特质理论和研究不断深化。从 20 世纪 80 年代至今，对胜任特质的研究和探索逐步由西方国家扩展到全世界，并成为当代心理学、管理学、教育学、社会学等领域的研究热点之一。

随着胜任特质运动的不断发展，国外很多研究者开始将目光投入教育领域的胜任特质研究。最初较具代表性的是美国和英国对教育管理者的胜任特质进行的研究。20 世纪 70 年代后期，美国国家中学校长协会（National Association of Secondary School Principals，NASSP）建立校长胜任特质指标体系，用以指导校长选拔及职业发展工作。他们认为，决定管理者优异工作成就的是某些特殊能力和行为，而决定一般工作表现的是基本的知识和技能。因此，他们把管理者的工作绩效分为优秀、一般、不合格三种类型，并假设这三种情况是由管理者的不同特质决定的。英国政府在 20 世纪 80 年代也开始高度重视对胜任特质的研究，并发布了一系列白皮书，提出通过管理教师的绩效来提高学校教育的水准，并且要以评价为手段来解聘一些不达标的教师（罗小兰，2007）。他们认为达到一般工作表现就是胜任，胜任特质的研究就是探索称职所需要的基本能力和行为。20世纪90年代初期，英国当局正式成立了"国家教育评估中心"（National Educational Assessment Centre, NEAC），该机构通过长时间的研究和实践，先后开发出侧重技能和行为、侧重职业资格、侧重素质和侧重特质的管理者胜任特质模型，构建了具有英国特色的教育管理者胜任特质研究模式，使胜任特质在教育领域得到了广泛的研究和应用。

随着各国教育教学的不断改革和发展，教师的重要性逐渐提升，如何把握教师的胜任特质便成为研究者们更加关注的课题。由此，大量的研究开始着眼于教师素质结构、优秀教师特征、教师心理素质、专家型教师特征、教师评价、教师职业生涯发展阶段特征等方面，以探讨教师胜任特质及其特征。

（二）教师胜任特质研究的现状

胜任特质研究在管理学、教育学、心理学、职业咨询及服务业等各个领域都有广泛应用。特别是教育学、心理学和人力资源管理领域关于胜任特质的研究，为教师胜任特质研究奠定了坚实的学科理论基础（舒莹，2006）。各国对教师胜任特质的研究极大地推动了教师教育教学的整体改革与发展，为教师教育水平的提升指明了方向。目前，关于教师胜任特质的研究主要集中于教师胜任特质模型的建构、教师胜任特质的评价、教师胜任特质测评技术及教师素质研究四个方面。

1. 教师胜任特质模型的研究

胜任特质模型（competency model）是指担任某一特定任务角色需要具备的胜任特征的总和，它是针对特定职位表现要求组合起来的一组胜任特征（徐建平，2004）。而对胜任特质模型的研究旨在通过对人们的行为表现的考察来分析其所具备的胜任特征，从而对胜任特质水平进行测评。目前研究者提出的胜任特质模型主要有两个：冰山模型（图1-1）和洋葱模型（图1-2）。

胜任特质的冰山模型（competency iceberg model）被视为胜任特质的基本模型，它把胜任特质分为"水面上"和"水面下"两部分，"水面上"是可以看到的基准性胜任特质，即相对容易观察和评价的知识技能，"水面下"是看不到的鉴别性胜任特质，即人格特质、自我形象、价值观和动机等（Spencer，Spencer，1993）[9-11]。

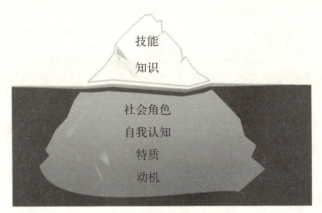

图1-1 胜任特质冰山模型

洋葱模型（competency onion model）是在冰山模型基础上演变而来的。美国学者理查德·博亚特兹（R. Boyatzis）对麦克莱兰的胜任特质理论进行了深入和广泛的研究，提出了"胜任特质洋葱模型"，该模型展示了胜任特质构成的核心要素（Boyatzis，1982）[20-21]。洋葱模型把素质分为核心层、中间层和外围层三个层次，其中核心层是人格层，包括个性和动机，中间层包括自我形象、社会角色、态度和价值观等，外围层包括知识和技能。越向外层，越容易培养和评价；越向内层，越难以评价和习得。

图1-2 胜任特质洋葱模型

构建教师胜任特质的模型，能为教师胜任特质的评价奠定坚实的理论基础，所以目前关于教师胜任特质的研究多以模型构建为主。国外对于教师胜任特质模型的研究和应用已经有 40 多年历史，并取得了丰硕的成果。美国20 世纪 60—70 年代最具影响力的教师教育改革运动是能力本位教师教育（competency-based teacher education，CBTE）。这种教师教育模式强调培养未来教师"能做什么""应做什么"及"应具备什么样的能力"。同时，受绩效责任制运动的影响，美国职业教育机构逐渐发展出能力本位职业教育（competency-based vocational education，CBVE），并且在日本、英国及德国产生了很大影响。休斯敦（W. R. Houston）和豪萨姆（R. B. Howsam）曾经对这种基于能力的培训与教育项目设计过程做了具体描述，通过任务分析，征集教育委员会、在校学生、教师的意见，列出 16 项胜任特质的陈述，并用于帮助设计 CBTE 项目（Houston，Howsam，1974）。毕斯考夫（T. Bisschoff）和格罗伯勒（B. Grobler）等人运用结构化问卷从学习环境、教师专业承诺、纪律、教师的教学基础、教师反思、教师的合作能力、有效性和领导八个理论层面对教师胜任特质进行因素分析，最后总结出两因素模型，即教育胜任特质（educative competence）和协作胜任特质（collaborative competence）（Bisschoff，Grobler，1998）。麦克伯（H. McBer）向美国教育与就业部（Department of Education and Employment，DFEE）提交了一份"高绩效教师模型"报告，指出高效教师的五种胜任特质群：专业化（挑战与支持、信心、创造信任感、尊敬他人），领导（灵活性、拥有负责任的朋友、管理学生、学习热情），思维（分析性、概念性），计划/设定期望（向上动力、信息搜索、主动性），与他人关系（影响力、团队精神、理解他人）（McBer，2000）。斯滕伯格（R. J. Sternberg）和威廉姆斯（W. M. Williams）提出专家教师有三个共同特点：拥有专家水平的知识、工作更加高效、极具创造性和洞察力（斯滕伯格，威廉姆斯，2003）。丹尼尔森（C. Danielson）提出教师胜任特质模型有四个维度，即计划与准备、教师环境监控、教学和专业责任感（Danielson，1996）[102]。凯比兰（M. K. Kabilan）提出的教师胜任特质评价标准分五个方面，即动机、技能知识思想、自我学习、交互能力及计算机能力（Kabilan，2005）[102]。澳大利亚维多利亚州独立学校协会（Association of Independent Sclools of Victoria，AISV）的一项调查指出，教师胜任特质是一个多因素模型结构，由 15 个因素组成，即沟通能力、计划和组织、工作标准、适应性、人际关系建立、发展友谊、持续性学习、技术或专业知识、辅导、决策、以学习者为中心、质量关注、信息监控、创新、行动发起，教师胜任特质对成功的教学行为至关重要（Heneman，2004）。总体说来，国外研究者普遍认为，教师胜任特质模型应该包括高学历、业务能力和发展能力等内容。

国内关于教师胜任特质模型的研究最近几年才开始出现，研究者们主要从教师特质、素质、能力、人格和教师评价等角度对教师胜任特质进行探讨，大多着眼于优秀教师和专家型教师的胜任特质研究，取得了较丰硕的研究成果。有研究者认为，当代优秀中学教师职业素质结构应包括职业道德素质、职业文化素质、职业能力素质、职业心理素质、健康身体素质 5 个素质系统，有 12 个层次，30 个二级基本因素（李悦辉，2000）。有研究者从不同的角度探讨了优秀教师与一般教师的区别，总结出学生喜爱的教师的人格特征：符合教师角色的、体现时代精神的、具有自觉意识和原创能力及执着精神和奉献精神的独立的、稳定的和完整的人格（吴光勇，黄希庭，2003）。有研究者建构的中小学教师胜任特质模型包括优秀教师胜任特质和教师共有的胜任特质（徐建平，2004）。其中，优秀教师的胜任特质包括进取心、责任感、理解他人、自我控制、专业知识与技能、情绪觉察能力、挑战与支持、自信心、概念性思考、自我评估、效率感 11 项特质；教师共有的胜任特质包括组织管理能力、正直诚实、创造性、宽容性、团队协作、反思能力、职业偏好、沟通技能、尊敬他人、分析性思维、稳定的情绪 11 项特质。有研究者通过问卷调查得出中小学教师胜任特质包括情感道德特征、教学胜任特质、动机与调节、管理胜任特质（李英武，李凤英，张雪红，2005）。

2. 教师胜任特质的评价

教师胜任特质的评价是指根据一定标准，运用科学可行的方法，对教师的教育教学过程和效果进行价值判断的活动。教师胜任特质评价可以应用于教师管理的各个方面，如教师的招聘、教师资格的评定、专业技术职称的评审等，还可以用于指导教师培训、教师职业发展规划。目前，国内外相关的研究还比较少，教师胜任特质及其评价的研究具有十分广阔的前景。

美国自 20 世纪 20 年代对教师实行"业绩工资制"评价制度。20 世纪 70 年代以后，教师评价体系在各学校广泛使用。当时的教师评价体系以终结性评价为主，主要通过学生的学习成绩来评价教师教学效果。随着社会对教师专业水平的要求不断提高，发展性教师评价体系受到更多的关注。英国皇家督学团于 1985 年发表了《学校质量：评价与评估》（Quality in School：Evaluation and Appraisal）的报告，报告提出了一种新的教师评价制度——发展性教师评价制度，致力于从教师需要出发，促进教师职业发展。1997 年以来，美国以加利福尼亚州为首的许多州与学区建立了灵活多样的、适合教师个体需要的形成性评价体系，重视教师个性发展和自主参与意识，提高教师自我参与、自我评价的能力。

相对而言，我国对教师胜任特质评价的研究起步较晚，关于教师评价的理论研究自 20 世纪 90 年代才有所发展。蔡永红和黄天元按收集信息方式的不同将教师评价分为三种类型：教师胜任特质评价、教师绩效评价、教师有效性评价，并认为教师绩效评价是教师胜任特质评价的效果指标，而教师有效性评价是教师绩效评价的效果指标（蔡永红，黄天元，2003）。

当代国内外教师评价体系的发展都趋向于以评价教师的工作行为为主，主张从多角度、多层面来评价教师的工作绩效，不仅关注学生的学业成绩，而且鼓励教师参与评价标准的制定。

3. 教师胜任特质测评技术

教师胜任特质测评属于教师评价范畴，是教师胜任特质研究应用的基础。这种测评主要用于检验教育机构的教学质量，监控教师职前教育的进程和评估为提高教师胜任特质所进行的培训的效果。事实表明，基于胜任特质的教师测评研究有着广阔的发展前景，而测评方法是胜任特质测评的前提。

从整体测评方式而言，对教师胜任特质测评的方法主要是纸笔测验、访谈、观察以及采用标准化测验工具进行测评等。目前，国内外不少研究者致力于教师胜任特质标准化测验工具的研究，他们通常采用行为事件访谈技术（behavioral event interview，BEI）建构教师胜任特质模型并编制相应的测评工具，为教师胜任特质的研究提供更有力的支持。其中，国外的典型相关研究包括：赛曼尼尔森（Samnelson）等人（1946）编制的"准教师的教学适合度自我量表"可以比较全面地测出师范生和在职教师教学的适合度；克鲁克香克（D. R. Cruickshank）根据自己有关教师效能的研究，编制了"有效能教师素养特征表"，用 36 个条目从教室组织、教学行为、课堂管理三个方面对教师素养进行评估（Cruickshank，1986）。国内学者也编制了一些测评工具，如魏红和胡祖莹编制的"优秀教师特征表"（魏红，胡祖莹，1992），查有梁提出的"优秀教师基本素质检测"和"优秀教师教学素质检测"（查有梁，1992），王卫红和张旭编制的"教师心理素质调查问卷"（王卫红，张旭，2002），徐建平编制的"教师胜任特质测验"（徐建平，2004），顾倩编制的"大学辅导员胜任特质问卷"（顾倩，2004），朱晓颖编制的"幼儿教师胜任特质自评问卷"（朱晓颖，2007）等。

4. 教师素质研究

教师素质是指教师在教育教学活动中表现出来的、决定其教育教学效果且对学生身心发展有直接而显著影响的心理品质的总和（林崇德，2004）[28]。关于这一方面的研究以国内学者居多，研究大都认为，教师素质结构基本包含高尚的职业道德、合理的知识结构、科学的教育理念、全面的教育能力和健康的身心素质等几个方面。其中较有影响的研究是叶澜、张大均和江琦的研究，他们分别针对不同层次的教师，从不同的角度、侧面，以不同的要素探讨了教师的素质结构，提出教师素质结构彼此相互影响、相互制约、相互渗透，是一个不可分割的有机统一体（叶澜，2001）[226]（张大均，江琦，2005）[56]。

二、学生学习质量的研究

学生学习质量是评价学生学习效果和教师教学质量的重要指标，也是学生能否继续升学或深造的一个重要参考因素，历来是学生、家长、教师、学校以及社会十分关注的问题。基于此，中小学生学习质量成了研究者普遍重视、普遍关心的主题。研究者们对学习质量的界定不同，有些以学习成绩作为衡量学习质量的指标，有些以学业绩效作为衡量学习质量的指标，本研究使用这些关键词进行文献检索，相关研究主要集中在以下几个方面。

（一）学习质量的相关因素研究

学习质量是一个受多种因素影响和调控的复杂系统，如学生的原有基础、学习动机、学习态度、学习策略，学生本身的智力和非智力因素，教师的教学态度、教学方法、教学水平，学校的学习条件、学习环境等（彭绪富，2007）。从已有研究来看，学习质量的相关因素研究主要围绕学习动机、自我效能感、学习策略及教师教学风格等进行。

1. 学习动机与学习质量

国内外众多研究表明：在影响学生学习质量的因素中，学生的学习动机是非常重要的变量。有调查显示，内部动机与学业成绩存在显著的正相关，可以预测学生的学业成绩（李炳煌，2012）。不仅如此，很多研究将学习动机作为其他因素影响学习质量的中介因素。一是学习动机对教师因素影响学生学习质量的中介作用。例如，李海华对教师的教学效能感、学生的学习动机与学业成绩的关系进行了研究，结果发现，学生的学习动机在语文教师个人教学效能感与学生语文成绩之间起完全中介作用；学生的学习动机在数学教师一般教育效能感与学生数学成绩之间起部分中介作用（李海华，2013）。二是学习动机对学生个体因素影响其学习质量的中介作用。覃丽、王鑫强和张大均的研究发现，高中生的生命意义感（寻求意义感和拥有意义感）通过学习动机正向显著间接预测中学生的学习成绩，其中拥有意义感对学习成绩的正向总效应显著（覃丽，王鑫强，张大均，2013）。自尊和学习动机与学业成绩之间存在显著的正相关，而且成就动机在自尊与学业成绩之间起完全中介作用（逢宇，佟月华，田录梅，2011）。另有研究发现，学习策略直接影响学业成绩，学习动机间接影响学习策略，学习策略在学习动机对学业成绩的影响中起中介作用（姚德雯，严林峰，刘革，2011）。

2. 自我效能感与学习质量

班杜拉的自我效能感理论认为，自我效能感不仅是对未来状态的估计，而且通过一些中介过程作用于个体的行为，从而构成决定个体行为的一种内部原因。学生的自我效能感属于学习中的非智力因素，它对学生的学习质量有不可忽视的影响。

国内外大量实证研究表明：农村中小学生的自我效能感与学习质量有着密切的相关关系，并且自我效能感对学习质量有显著的直接影响。具体体现为自我效能感对学生的学习质量具有一定的预测作用。例如，王有智、王淑珍、欧阳仑对贫困地区初中生学业自我效能、内部动机与学业成绩的关系进行了研究，发现学业自我效能与内部动机诸因素有密切联系，二者共同构成影响学业成绩的内在因素；对学业成绩正向预测作用最强的是自我效能，其次是促进性紧张和成功交往动机（王有智，王淑珍，欧阳仑，2005）。张晓兰的研究也说明，初中生的自我效能感与学业成绩有着较高的相关，且初中生的自我效能感对其学业成绩有着正向的预测作用（张晓兰，2012）。还有研究表明，自我效能感对初二、高二学生的成绩均有预测作用，且预测作用比较稳定（金刚玉，高金金，陈毅文，2012）。

除此之外，众多学者在研究自我效能感、学习质量及其他因素的关系时发现：诸多因素通过自我效能感的中介作用对学习质量产生影响。比如，有研究证明，学业自我效能感在学校适应不良图式影响学业成就中起着显著的中介作用（谭千保，彭阳，钟毅平，2013）。自我效能感对学习成绩有直接的影响，而归因则通过自我效能感间接影响学习成绩（王凯荣，辛涛，李琼，1999）。另外，成就目标也能通过自我效能感间接影响学生的学业成绩（张静，刘靖文，吴庆麟，2012）。

3. 学习策略与学习质量

学习策略是学习者为了提高学习的效果和效率，有目的、有意识地制订的有关学习过程的复杂方案。它既包括学习方法，也包括学习技能。在研究学习质量影响因素的过程中，相当一部分研究者着眼于学习策略、学习质量及其他影响因素的关系研究。例如，有研究发现，学习策略运用、学习效能感直接影响学生的学业成就，学习坚持性则通过影响学生学习策略的运用间接影响学业成就（张林，张向葵，2003）。王振宇和刘萍以119名高中学生为被试，证明自我效能、内在动机、掌握目标、学习策略、智商分数与学业成就呈显著正相关，内在动机通过直接影响学习策略而间接影响学业成就（王振宇，刘萍，2000）。另外，有研究者采用测验与问卷结合的方式探究了初中生认知风格、学习动机、学习策略和学业成绩的关系，结果表明：认知风格、学习动机和学习策略与学业成绩之间有着显著的相关；认知风格、学习动机和学习策略均对学业成绩有显著预测作用；学习策略在认知风格、学习动机对学业成绩的影响中起中介作用（姚德雯，严林峰，刘革，2011）。

有研究者对学习策略的结构划分及其在具体学科中的应用情况进行了调查研究。张林和张向葵采用修订的"中学生学习策略量表"，系统考察了初一到高三1341名中学生学习策略情况，发现时间管理策略、努力策略和支持寻求策略对初中生的学习成绩有正向预测作用，调节策略和努力策略对高中生的学习成绩有正向预测作用，而支持寻求策略有负向预测作用（张林，张向葵，2006）。葛明贵和晋玉运用"学生学习策略评价表"对安徽省2所中学的239名学生进行调查，考察中学生的英语学习策略及其与英语学业成绩的关系，研究表明中学生的英语学习策略及其认知和调控策略与学生学业成绩之间呈显著正相关，交际和资源策略与学生的学业成绩则没有显著相关（葛明贵，晋玉，2005）。

4. 教师因素与学习质量

由于中小学生大部分时间都在学校接受教师的教育，教师逐渐成为学生学习生活中的重要他人，并在教育教学过程中不断地影响着学生的情感、态度和行为。教育教学研究及实践证明，教师因素是影响学生学习质量的关键性因素之一。

首先，教师教学风格影响学生的学习质量。有研究者对教师教学风格的转变及其与学生学习的关系进行了干预研究，发现教师教学风格能够影响学生学习兴趣与学业成绩，经过干预后，学生对各科的学习兴趣都有提高，部分学科的成绩也有明显提高（贺雯，黎雯君，曹钰舒，2014）。另有研究显示：教师教学风格、学生学习兴趣、学业自我效能感和学习成绩相关显著；教师教学风格、学生学习兴趣、学业自我效能感能联合预测学生学习成绩；学习兴趣在教师教学风格和学生学习成绩间起部分中介作用，正向学业自我效能感在教师教学风格和学生学习成绩间起部分中介作用（余悦，2012）。

其次，罗森塔尔效应表明：当教师对学生所要达到的心理、智力、知识、能力、行为状况或变化有着某种预先设定时，教师这种内在主观倾向往往反映在其外在行为上，从而给学生造成某种特定的心理环境，影响学生的自我概念和学业成绩（马艳玲，2011）。相关研究证明，教师期望、学生的学业自我概念及感知教师支持行为对学生学业成绩影响极其显著，教师期望通过教师对学生的支持及学生的学业自我概念对学生的学业成绩产生影响（欧阳丹，2005）。

再次，师生关系影响学生的学习质量。调查显示：初中生的亲子沟通、师生关系、学业成绩三者间显著相关；对初中生学业成绩影响最大的是师生关系（王佳宁，于璐，熊韦锐，等，2009）。

（二）学习质量的提升对策研究

目前关于学习质量的提升对策研究还未形成一定的体系，研究水平参差不齐，研究视角各不相同，但基本上都是从学生与教师两方面着手进行干预研究。

1. 以学生为干预对象的研究

学习质量的提升对策研究大部分以学生为干预对象，采用实验法，通过影响其认知与非认知方面的心理素质来提高其学业成就。

其中，认知方面的干预研究主要是进行学习策略与方法的训练。例如，董倩倩进行了初中生化学元学习策略训练的实验研究，结果表明，初中生化学元学习能力总体水平不高，将元学习训练渗透到传统的课堂教学中非常必要（董倩倩，2012）。在初中化学教学过程中，有意识地对学生进行元学习策略的训练可以迅速提高学生的化学成绩和化学学习能力。另有研究者对少数民族初中生进行了作文策略训练，结果发现，学习策略训练能够迅速提高少数民族学生的汉语作文成绩，学生所掌握的学习策略也可以迁移到汉语写作上（高晓东，程晓媞，2005）。还有专家通过表象思维训练促进了小学低段儿童的语文综合学习能力的提高，证明了表象思维训练能有效提高不同类型学校的语文教学质量与效率，这为小学语文教学改革提供了新的方法与技术（田良臣，刘电芝，2002）。

众多研究表明，善于合理归因和学习动机强的学生一般都能有较好的学习质量。所以对于非认知方面的干预研究主要包括归因训练、学习动机训练等。如胡胜利考察了小学生不同课堂情境的成就归因并对其进行再归因训练，结果表明，韦纳的归因训练模式与策略指导相结合的再归因训练能有效地改变小学生对不同课堂情境的成就归因倾向，增强其学习动机，提高学业成绩（胡胜利，1996）。刘重庆进行了学生学习成就动机训练的实验研究，结果表明，"成就动机需要训练"这一理念对学生树立明确的奋斗目标，提高学生学习的主动性和积极性有一定的作用（刘重庆，2001）。

2. 以教师为干预对象的研究

教师的行为在很大程度上影响着学生的学习质量，所以对教师的行为进行干预也是学习质量提升对策研究的一部分。目前这方面的研究主要集中于教师教学方式、教师期望及师生交往等层面。有研究者通过干预四门不同学科教师的教学风格发现，被干预教师在严谨逻辑、关爱分享、创新探索这三个维度上均有不同程度的改善，且对教师的教学风格进行干预后，学生的学习兴趣、正向效能感和学业成绩均有不同程度的提高（贺雯，黎雯君，曹钰舒，2014）。李芳芳以定性分析为主，针对课堂提问环节中教师的期望性行为对学生的英语学业自我概念的影响进行了实证研究，研究表明，课堂提问中教师的表扬、鼓励/纠正、提问、给予评价、引导回答、微笑/眼神和靠近学生这七项期望性行为对学生的英语学科自我概念影响较为显著（李芳芳，

2012）。该研究对英语教师在实际教学中如何恰当选择积极的期望性行为提供了一些参考，有利于发挥教师期望的最大效果，促进学生英语学业自我概念的发展，提高学生的英语学业成绩。另外，刘冬梅专门研究了教师与"学困生"有效交往模式的建构，该研究主要通过教师与"学困生"在课内外的对话与互动，达到相互理解、共同促进的目的，进而改善"学困生"的不良学习状态，提高其学习质量（刘冬梅，2012）。

三、教师胜任特质与学生学习质量的相关研究

国内外关于教师胜任特质研究的进展在一定程度上体现出相关政策部门和研究领域对教师胜任特质及其与学生学习质量关系的重视和关注。教师能否胜任其教育教学或管理工作决定了学校的整体教学水平与教育质量的高低，对于学生的学习质量也具有较大的影响。

国外关于这一问题的研究，主要体现在相关政策部门和研究人员对教师胜任特质与教师绩效评价、学生学业成绩的相关分析等方面。美国 2002 年提出的"不让一个孩子掉队"行动，要求在 2005—2006 年美国每个班级都有一个高素质的教师。哈蒙德（L. Hammond）和扬斯（P. Youngs）的研究表明：教师自身是学生获得成就的一个主要驱动因素，提高教师的胜任特质是提高学生学业成就的可行策略（Hammond，Youngs，2002）。贺尼曼（H. G. Heneman）和米兰奥斯基（A. T. Milanowski）等的研究发现了学生学业成就与教师绩效胜任特质评估之间固有的经验关系（Heneman，Milanowski，2004）。

总体来说，鲜有报告揭示教师胜任特质与学生学习质量的直接关系，主要原因可能基于两个方面：一是教师胜任特质可使用统一的工具，但学习质量通常以学习成绩作为评价标准，由于不同学校，甚至不同年级使用的考试试卷不一样，导致学习成绩难以作为跨学校、跨年级的学生学习质量标准，这样无法有效将教师胜任特质与学生学习质量进行一一匹配；二是将教师胜任特质和学生学习质量进行匹配，最好的方式是以班级为单位，这样一个班级只能作为一个数据样本，这样获得足够的样本需要大量的人力、物力和财力。因此，本研究在试图解决上述问题的基础上，采用实证研究的方式，探索教师胜任特质与学生学习质量的关系。

第三节 研究意义

一、加强教师胜任特质研究是教育发展的内在需求

经济的发展和社会的进步对人才的要求越来越高。人才的培养关键在教育，教育的质量直接关系到人才的质量。教育质量的提高，关键在于教师队伍的建设，在于教师绩效的不断提高。学校作为一种社会组织，承担着培养学生全面发展的重要任务。教师作为学校中最重要的资源，是学校发展的重要因素，师资队伍的整体素质对学校的生存和发展具有重大影响。胜任特质研究的特点在于关注区分绩效优秀者与绩效平平者的胜任特征。教师胜任特质的研究，有利于全面描绘高绩效教师的特征，这对于教师的招聘、选拔、培训、人事测评、师资素质的整体提高、学校组织竞争力的提升等都具有重大意义，有助于教师的专业发展。

二、关注农村教师发展是促进城乡教育均衡的客观要求

《国家中长期教育改革和发展规划纲要（2010—2020 年）》指出，建立城乡一体化义务教育发展机制，在财政拨款、学校建设、教师配置等方面向农村倾斜，加快缩小城乡差距。因此，以农村教师为重点，提高中小学教师队伍整体素质成了关键。

然而，农村中小学教师胜任特质研究在我国还是个薄弱点。虽然关于胜任特质的研究无论是在国内还是在国外都已进行得如火如荼，也取得了一些重要的成果，但是这些研究对象主要集中于企业领导、员工的胜任特质，对普通教师胜任特质的研究还十分有限，对农村教师胜任特质的研究更少。教育部统计数据显示，2012 年全国各级各类学校专任教师 1400 多万人，其中，小学专任教师人数最多，近 560 万人，初中专任教师约 350 万人。目前，我国农村义务教育阶段有学生 1 亿多人，专任教师 620 万人，占义务教育阶段学生和教师总数的比例均为 70% 左右。因此，发展义务教育，重点在农村，关键在教师。建设一支高素质的农村教师队伍不仅对促进农业、农村、农民

的现代化及农村教育的可持续发展具有重大意义，而且对提高全民族素质、加速中国特色社会主义现代化进程及中国教育的可持续发展意义重大。了解农村教师胜任特质的现状，探索相关促进对策，对促进城乡教育均衡发展也有一定的意义。

三、重视农村中小学生学习质量研究是提升义务教育水平的需要

在整个教育事业中，中小学教育至关重要，中小学阶段是人生的文化启蒙和知识准备阶段，是每个人终身发展的基础。我国 13 亿人口中超过半数人口生活在农村，一半以上的学龄儿童也在农村。要提高我国整体教育水平，就必须加强农村教育这个薄弱环节。

20 世纪 80 年代，我国开始实施九年制义务教育，义务教育是依照法律规定对所有适龄儿童和青少年统一实施的具有普及性、强制性的免费学校教育，是提升国民素质的基础，是实现社会公平的起点。农村中小学教育更是义务教育制度中尤为重要、亟待提高的一部分。

由于各地经济、文化水平的差异，义务教育存在地区、城乡乃至校际差异。随着经济的发展，这种差距越拉越大。要提升我国义务教育的水平，就必须大力推进义务教育的均衡发展，这不仅需要各级政府加强对教育的监管，也需要政策的支持，更需要广大教育工作者的百倍努力。重视农村中小学生学习质量研究，培养学生独立思考能力、实践能力和创新能力，促进学生全面发展，是推进义务教育均衡发展的一种有效途径。只有当教育公平的阳光照耀到每一个孩子身上时，义务教育才能是一种绿色的教育、可持续发展的教育、科学发展的教育。

第四节　研究的主要问题

目前，我国中小学实行的教师评价基本上是以学生的学业成绩为标准对教师进行评价。根据评价结果将教师分成不同的等级，进而做出晋级、降级、加薪或解聘等决定。教师胜任特质测评技术应用于教师评价领域，充分

结合了教师和学生两方面的因素，遵循了发展性教师评价理念。教师对学生的评价也能有效预测学生的学习质量，教师对学生的期待，无论是高期待还是低期待，对学生的学习质量都有深刻的影响。大量的教师胜任特质研究表明，优秀教师及专家型教师的胜任特质包括良好的师生关系、人际洞察及理解力、对学生积极性建构等因素，这些因素都直接或间接地影响着学生的学习质量。

　　类似的研究在一定程度上揭示了教师胜任特质与学生学习质量的直接或间接关系。而目前专门关于教师胜任特质和学生学习质量关联性的研究则寥寥无几，专门针对农村中小学教育领域的相关研究更少。因此，关于农村中小学教师胜任特质和学生学习质量的关系研究具有极其重要的理论意义和实践价值，体现了我国农村中小学教育教学改革与教育质量提升的迫切要求。

　　本研究着力回应以下问题。第一，如何编制测定中小学生学习质量的问卷？第二，农村中小学教师胜任特质现状如何？影响农村中小学教师胜任特质的主要因素有哪些？第三，农村中小学生学习质量现状及其影响因素。第四，教师胜任特质与学生学习质量的关系。第五，如何以教师胜任特质为基础，构建促进农村中小学生学习质量的对策。

第二章 农村中小学教师的
胜任特质及其特点

教育在促进社会、政治、经济、文化发展以及人民生活水平提高等方面的作用日益凸显，越来越多的人关注教育的改革、发展和进步，而教师作为学校教育体系中的重要主体，与学校教育的发展、学生学习质量的提高密不可分，教师还肩负着建设教育强国的神圣使命。因此，我们需要对教师这一具有特殊性的职业进行更多、更深入的研究和探讨，为教育教学改革提供思想基础和理论支持。本章以教师胜任特质为切入点，通过问卷调查探索教师胜任特质的特征及城乡教师胜任特质的差异，以进一步丰富和发展关于教师胜任特质的研究成果。

第一节 中小学教师的胜任特质及其比较

为了解中小学教师胜任特质的发展状况，深入探讨教师队伍的发展水平，本研究采用问卷调查的研究方法，对初中和小学教师的胜任特质进行调查，构建出中小学教师胜任特质发展现状的基本理论框架，以期对实际的教育教学活动有一定的启示，从而促进中小学教师的专业发展。

一、对象与工具

（一）调查对象

在湖南省 2 个地级市共 20 所学校（城区学校即地级市城中心学校 6 所，

县城学校即县城内学校 7 所，乡镇学校即位于乡、镇的学校 7 所；小学 10 所，初中 10 所）发放问卷 1071 份，收回问卷 991 份，有效问卷 956 份，有效率为 96.4%。其中，小学教师 443 人，初中教师 513 人；男教师 283 人，女教师 649 人①；平均年龄 38.21 岁，平均教龄 17.97 岁；城区学校教师 369 人，占总人数的 38.6%；县城学校教师 343 人，占总人数的 35.9%；乡镇学校教师 244 人，占总人数的 25.5%。

（二）调查工具

本研究采用徐建平编制的"教师胜任力测验"。该测验共包括 50 个项目，10 个分量表，分别为个人特质（9 个项目）、关注学生（6 个项目）、专业素质（5 个项目）、人际沟通（6 个项目）、建立关系（6 个项目）、信息搜寻（4 个项目）、职业偏好（3 个项目）、尊重他人（3 个项目）、理解他人（3 个项目）、测谎量表（5 个项目）（徐建平，2004）。测验采用 5 点计分，各分量表计算平均分，各分量表均分之和为教师胜任特质的总分，得分越高，表明该教师的胜任特质水平越高。经检验，整个测验的信度达到 0.9 以上；各分量表之间具有中等程度相关，各个分量表间的相关明显低于分量表与总量表之间的相关，说明该测验的结构效度很好。同时，研究者还发现，测验包括的各项胜任特质有着较强的区分能力，能够有效地区分优秀教师和一般教师。本研究中的测验总体内部一致性系数（α 系数）为 0.96，各分量表之间相关系数为 0.35—0.71，相比各个分量表间的相关系数，分量表与总量表之间的相关系数更高。这进一步说明了该测验具有理想的信效度。

二、调查结果及分析

（一）中小学教师胜任特质的总体状况

中小学教师胜任特质调查结果如表 2-1 所示。

---

① 本书中个别维度分项和不等于总和的情况，是由于在填写问卷时，个别项目被试未填写，造成缺失值。下同。

表 2-1　中小学教师胜任特质测验及其各分量表描述性统计结果

	个人特质	关注学生	专业素质	人际沟通	建立关系	信息搜寻	职业偏好	尊重他人	理解他人	教师胜任特质
均值	4.15	4.49	4.51	4.58	4.40	4.37	4.21	4.37	4.23	39.32
标准差	0.43	0.42	0.42	0.39	0.45	0.46	0.67	0.52	0.53	3.37

由表 2-1 可知，被试在 9 个分量表上得分的均值都在 4.00 以上，说明被试对自身的素质评估良好。从分量表的得分情况来看，排在前三位的分别是人际沟通、专业素质和关注学生；排在后三位的是个人特质、理解他人和职业偏好。

1. 中小学教师的人际沟通

"人际沟通"包括人际交流、与学生相处、待人方式、处理学生问题的方式。从平均分数上来看，"人际沟通"排在首位，这是有一定原因的。在实际工作中，教师直接面向的是学生，和学生在课堂内外都有交流。教师的地位和作用，决定着教师必须与学生建立良好的人际关系，这是提高教育质量的关键点之一。有学者认为，教师在实际教学过程中正确认识和评估自身的人际沟通能力，并不断加以提升，更有利于促进教学活动的顺利进行（王沛，陈淑娟，2008）。教师具备较强的沟通能力，除了有助于将知识和技能传授给学生外，教师个人展现出的优秀人际沟通能力对学生人际沟通能力的发展也具有引导作用。同时，良好的师生关系对学生的学业成绩具有正向预测作用（邓自鑫，2010）。教师拥有较好的人际沟通能力，和学生建立并维持良好的关系，有利于教师和学生的平等沟通，从而提高学生对教师所授课程的兴趣，学生的成绩自然会比较好。此外，学校在教师的引进、职称评定、教师资格认证中也将教师的人际沟通能力作为评定标准。这些原因，可能导致教师非常重视人际沟通能力的培养，这也是在教师胜任特质研究中将人际关系作为重要维度来考察的主要原因之一。

2. 中小学教师的专业素质

"专业素质"是指教师使用各种教学方法和技能完成课堂教学、日常辅导等教学工作和任务。"专业素质"也称"业务知识"，根据素质结构理论及教学专长构成理论，业务知识包括本体性知识、条件性知识和实践性知识（赵必华，2013）。教师最基本的任务是向学生传授知识及技能，引导学生进入知识殿堂去学习、探究。因此，较高的专业素质和完备的知识系统便成了教师最基本的专业素质。优秀的专业素质，是指教师对自己所教授学科的专业知识的深度认知，对本学科学术前沿发展及趋势的系统性了解，拥有深厚的专业素质和科学研究的精神等。有优秀专业素质的教师，才能游刃有余地实现对学生的引领，才能指导学生实现有效学习，从而使自己成为"导师型"教师。教师若对本学科专业知识一知半解，理解肤浅，甚至有错误认知，会使自己的教学收效甚微，这样的教师会让学生感到学习是一个痛苦的过程。这不仅会导致学生产生学习倦怠，严重的还会使学生厌恶这门学科，出现严重偏科的现象。有研究指出，业务知识对教师来说，是基本胜任特质，即胜任教师岗位的基本条件，它在教师接受师范教育时已经得到了很好的训练（李义安，高志芳，2010）。同时，专业素质正是教师考核的重要指标，这也是专业素质分值在教师胜任特质各分量表得分中较高的原因之一。

3. 中小学教师关注学生的特质

"关注学生"包括对学生的热爱、尊重、理解和培养。这也就是教师的学生观，包括尊重学生、对学生持积极态度、对学生富有同情心、公平对待所有学生、以学生为教学中心及促进学生发展等方面。对于学生来说，教师扮演的是一个良师益友的角色，教师在学生心中有不可替代的作用，素质教育更提倡教师不仅给予学生学业上的指引，更要给予学生生活上的关心、关爱，与学生建立深厚的情感。在实际教学活动中，主动关注学生的教师也更受学生的欢迎。同时，激励学生积极主动学习，反过来也能增强教师的职业效能感，从而形成一个良性循环。

有一个老师讲述了自己班级学生的一个典型案例。陈某是一个活泼好动的男孩。在老师和同学的眼里，他是一个"问题学生"，胆子大，脾气倔，纪律散漫，常闹事，对人傲慢无礼，没有好朋友，学习习惯不好，态度不端正，成绩平平。他一天到晚不是与人唇枪舌剑，便是幸灾乐祸。他认为与别人对抗得越激烈，他越能享受到快乐。心理老师认为，使得小小年纪的陈某出现严重心理失衡的原因是长期的心理需要得不到满足。老师和家长都跟他谈过心，希望他能正确认识自己的错误。不料，他没发现自己的问题，倒看出一大堆老师、同学的问题，时时以高标准要求他人，指出他人种种"不善待"自己的地方。为了帮助陈某认识自己的不足，改正缺点，班主任特地去家访，了解陈某的家庭状况和生活环境，并和他父母进行了沟通。同时，班主任也做好其他老师和同学的工作，让大家多关注和帮助陈某，无论是课堂学习还是课外生活，老师们都一视同仁地对待他，还会"偶尔"和他深入交流，了解他心里的想法。上课时老师也常常叫他发言，若有满意的答案，同学们就会报以热烈的掌声。不仅如此，班主任还让他协助班长管理班级纪律，为同学们策划一些活动。老师对他的关注带给他温暖，使他的自信心不断增强，学习成绩不断提高，也让他学会了自我约束、自我批评与反省，从而得到了老师和同学们的认可和信任。

4. 中小学教师的个人特质

"个人特质"维度包含进取心、责任心、自信心、灵活性、效率感、影响力等个人方面的品质。在所有分量表中，教师的个人特质分量表得分稍低，说明教师的自信心、进取心、责任心、灵活性、效率感、影响力等诸多个人特质的总体表现稍低于其他特征。相关研究认为，个人特质方面的特征是需要教师自身经过长期的训练和培养而习得的，这属于教师的高级胜任特质。因为教师这一职业的特殊性，任课教师的主要任务是完成教学活动，帮助学生建构起相应的知识体系，即"教书育人"，因此，教师所有的高级胜任特质主要是基于角色需要（马红宇，唐汉瑛，汪熹，2012；王沛，陈淑娟，2008）。从另一个角度来说，"个人特质"属于隐性因子，并不直接、明显地作用于教师的职业成效，只是在教学过程中起着潜移默化的推动作用。

在教育领域，大多数家长认为教师的教育水平、教学能力等对学生最为重要。其实不然，教师在学生心中是和家长一样的长辈，其一言一行都会对学生造成影响，教师的个人特质对学生的品德素质、文化素质、身心素质等方面的培养有着潜移默化且不可替代的作用。试想，一个不负责任的、懒散的、对学生没有影响力的教师如何促进学生快乐地学习和成长？这样的教师即使学科专业知识再丰富，也无法给学生个人人格的健康发展带来正向影响。有研究以美国65名"年度教师"为研究对象，从其职业生涯发展、教育理念、师生关系、课堂教学等方面挖掘了优秀教师的基本特质，研究发现教师个人内在品质、对学生应负的责任、对知识应负的责任和对社会应负的责任四个方面对教师的成长具有重要的启示（殷玉新，王德晓，2016）。

5. 中小学教师理解他人的特质

"理解他人"指教师对他人心情及行为的感受，能主动用各种方式去了解他人，设身处地为他人着想。对于学生来说，不管是从教师的年龄还是人生阅历来看，教师都是长辈，学生可能会觉得教师高高在上，对教师心存尊重和敬畏之情。同理，对于教师来说，因为自身和学生不处于同一社会高度，所以教师在理解学生方面会相对弱些。"理解"属于隐性因子，这一因素并不直接促进教师教学水平和教学效果的提升，所以也容易被忽视。

然而，这并不是说教师理解他人的特质不重要。有研究指出，教师是否愿意去理解学生、是否能够成为学生的理解者是促进教师有效教学的保障，更是考察教师专业发展的重要指标之一（徐斌艳，2006）。该研究认为教师对学生的理解应从两个方面落实。一方面是从学生的认知上理解学生的学习困惑与错误。现代教育理论之一的建构主义学习理论就强调学生不是空着脑袋进入教室的，是带着认识世界的前概念到课堂里学习的。他们带着丰富的先前知识、技能、信仰和概念进入正规教育系统，而这些已有知识极大地影响着他们对环境内容、环境组织和解释方式的理解，也影响着他们记忆、推理、解决问题、获取新知识的能力。因此，教师需要注意学生原有的不完整理解、错误观念和对概念的天真解释对所学科目的影响。另一方面是从学生的情感上去理解他们，接纳学生、重视学生、相信学生有能力、让学生有安全感。教师要做到站在学生的角度去理解他们的想法、行为等，这样既能满足学生情感上的需求，也能促进学生的学习。

6. 中小学教师的职业偏好

"职业偏好"指教师对班级、学校、教育事业的热情和兴趣。调查结果显示，所调查对象的职业偏好得分较低，这与李义安和高志芳（2010）的调查结果相似。至于其原因，有研究认为对教师职业感兴趣、坚信教师职业的重要性、愿意坚守教师岗位、真心喜欢教师职业、相信教师职业的前景、热爱教育事业等内隐的因素并没有受到教师本人的重视。而这可能是因为很多教师觉得以上想法与教学业绩并没有显而易见的直接关联。

在我国文化中，教师要"学高为师，身正为范"。教师要达到社会赋予其职业本身的要求，就必须不断努力完善自身，丰富学识。然而，这不是一朝一夕就能达到的，日复一日的教学，尤其是重复教学可能会慢慢磨灭教师的教育热情，从而导致教师的职业偏好降低。因此，教育管理者如何采用行之有效的措施，不断提高教师的教育教学热情，是一个十分迫切的课题。有研究指出，教师职业兴趣发展的路径可以概括为三条：一是自发的教师职业兴趣发展路径；二是外控的教师职业兴趣发展路径；三是内控的教师职业兴趣发展路径（冯媛媛，2013）。这三条发展路径反映出教师职业兴趣发展的不同过程和状态，每条路径具有各自不同的特征。教育管理者可以从这三条发展路径入手，促进教师职业兴趣的发展，从而提高教师的职业偏好水平。

（二）城乡中小学教师胜任特质的比较

由于地理位置、经济状况等诸多因素的影响，本研究对来自城区学校、县城学校和乡镇学校的教师胜任特质进行比较分析，结果如表2-2所示。

表2-2　教师胜任特质的城乡差异比较（$M\pm SD$）

	城区①	县城②	乡镇③	F	两两比较
个人特质	4.21±0.44	4.11±0.42	4.13±0.43	4.84**	①>②；①>③
关注学生	4.54±0.42	4.47±0.41	4.43±0.43	4.84**	①>②；①>③
专业素质	4.54±0.45	4.52±0.38	4.45±0.42	3.26*	①>③；②>③
人际沟通	4.61±0.40	4.59±0.39	4.53±0.37	2.61	/
建立关系	4.43±0.47	4.40±0.45	4.35±0.41	2.15	/
信息搜寻	4.44±0.47	4.35±0.45	4.30±0.45	7.40**	①>②；①>③
职业偏好	4.32±0.66	4.17±0.63	4.10±0.70	8.89**	①>②；①>③
尊重他人	4.44±0.52	4.35±0.49	4.27±0.54	7.76**	①>②；①>③
理解他人	4.31±0.55	4.21±0.52	4.16±0.51	5.89**	①>②；①>③
教师胜任特质	39.80±3.54	39.18±3.18	38.75±3.25	8.05**	①>②；①>③

注：**$p<0.01$，*$p<0.05$；"/"表示因方差分析不显著，无两两比较结果，下同。

1. 教师个人特质的城乡差异

从调查结果来看，城乡教师在个人特质方面呈现的差异总体表现为：城区教师显著优于县城教师和乡镇教师，但县城教师和乡镇教师之间无显著差异。有研究表明，农村教师的个人特质仅仅处于"基本符合"的水平（胡娜，2010）。教师是个人属性和社会属性的统一体。个人属性是基于纯粹的个人存在，而社会属性是基于由社会地位和职责所决定的教师角色。除去因扮演教师角色而必备的素质外，教师因个人存在而具有的素质，就是教师的个人特质。在本研究中，教师的个人特质主要是表现在自信心、灵活性、责任感、正直诚实、创造性、稳定的情绪等方面的胜任特征（徐建平，2004）。个人特质是个体经过长期积累，受外界教育、环境等长期影响而潜移默化形成的性格特征（韩四芳，张莉，2010）。行为主义心理学家们一直推崇环境对个体行为的影响，这是有一定道理的。每个人都生活在社会大环境中，个体与环境无时无刻不在交流互动，这一过程又总是在无形中塑造、改变着个体自身。积极向上、乐观开朗、创新进取、刚毅顽强、忍耐自制等个人特质，对于身处条件比较差的农村中小学校的教师而言十分重要，有利于他们更好地扎根农村教育事业。而城区、县城、乡镇由于经济发展不同步，社会生活存在较大差异，所以城区教师在自身文化水平、地理位置、工作环境等方面较县城教师、乡镇教师具有一定的优势。因此，培养和提升乡镇教师的上述方面的品质十分重要，这也提示我们发展教师队伍应该关注教师个人特质的塑造与培养。

2. 教师关注学生的城乡差异

表 2-2 显示，城乡教师在关注学生方面的差异总体表现为：城区教师显著优于县城教师和乡镇教师，但县城教师和乡镇教师之间无显著差异。调查研究表明，在关注学生方面，县城教师和乡镇教师稍低于教师整体水平。一直以来，对教师绩效的考评主要是参照学生的学业成绩，导致教师片面关注学生的考试成绩，教师对学生学习、生活等方面的关心被忽略。现在提倡教师把学生当成自己的子女，关心、关爱他们，对其给予足够的关注。关注学生即教师对于学生生活、学习等方面的关心关爱。任何一个工作，只有在从业者解决了自身的生存问题后，才能全身心地投入到工作中去。县城教师和乡镇教师，因为所在地区经济相对落后、制度不健全等因素，生存状况并不是很好，这在一定程度上影响了教师对工作的投入度，工作之外的事情不可避免地会分散教师的注意力和精力，从而导致非城市教师在关注学生方面出现心有余而力不足的情况。促进农村教师和学生的更好发展在一定程度上取决于教学条件、生活环境、教师待遇等因素的改善。

3. 教师专业素质的城乡差异

从表 2-2 中可以看出，城乡教师在专业素质上差异显著。当前，农村教师专业水平不达标等现象极为普遍，很多农村教师存在学历偏低、基础知识欠缺、"所教非所学"等问题。造成这一现象的因素很多，首先，政府对农村教师专业能力培养的经费投入不足，且缺乏健全的监督机制规范资金的流向，因此无法给教师提供更好的培训机会。同时，农村教师待遇较差，选择担任农村教师便意味着接受清贫的生活，农村难以吸引专业素质过硬、能力卓越的人才，这也是导致农村教师专业素质不高的因素之一。其次，农村教师缺少不断提升自己的动力，"安于现状"，对所教知识的了解停留在似懂非懂的阶段，不主动寻求有效的教学方法。而城市教师在竞争激烈的环境中不断成长，公费或自费参加教师专业技能培训，努力提高自己的教学水平，这拉大了农村教师与城市教师的差距。再次，我国对教师队伍的培养和筛选主要集中于入职前，对在职教师考核甚少，且现有的考核制度存在制度不规范、落实不到位等问题，教师聘用制度采取只进不出的办法，大量老龄化教师占据教师编制，而积极进取的年轻教师却得不到体制的认可。以上因素从各方面导致农村教师专业素质落后于城市教师，缩小此差距还需从多角度着手解决。

4. 教师信息搜寻的城乡差异

城乡教师信息搜寻方面的差异总体表现为：城区教师显著优于县城教师和乡镇教师，但县城教师和乡镇教师之间无显著差异。有研究发现，我国农村中小学教师信息技术教学能力与城市教师相比有较大的差距，农村教师在信息技术技能掌握上相对滞后（徐恩芹，刘美凤，2005）。同时，调研数据显示，这些差别与农村中小学管理制度建设滞后、信息技术应用模式单一以及某些信息技术产品门槛设置较高、普及性差等原因有关。

这种地区差异反映了我国教育资源配置的地区不平衡性。21 世纪是经济高速发展、社会飞速变化的时代，互联网的普及让人们的生活越来越信息化，能否及时快速地搜寻到信息日渐成为社会评价个人工作能力的指标。农村基础设施建设不完善，信息技术设备缺乏，大部分小学只有校长办公室配备一台电脑，教师无法进行有效的信息搜寻。而且教师的信息技术大都是靠自学，没有系统、专业的培训，因此，教师利用计算机收集、处理信息的能力较低，大都停留在打字、浏览网页的水平上。有的老教师甚至没接触过计算机，无法通过网络对各地的有效信息进行资源共享，搜寻信息的渠道仅限于已有的书面材料以及与同事、学生、家长之间的沟通。因此，提高农村教师的信息搜寻能力，亟须解决学校基础设施建设方面的问题。

不仅如此，县城学校教师的信息搜寻能力也不如城区学校教师。这可能是由于以下几点原因：其一，县城学校的基础设施整体不如城区学校；其二，县城学校部分教师是从乡镇学校调入，其先前接受的信息化知识训练有限；其三，相比城区学校，县城学校教师可利用的信息资源不足。总体来说，提高县城学校与乡镇学校教师的信息搜寻能力，亟须解决学校基础设施建设方面的问题，并且加强对这些教师的继续教育。

5. 教师职业偏好的城乡差异

调查结果显示，城乡教师职业偏好方面的差异总体表现为：城区教师显著优于县城教师和乡镇教师，但县城教师和乡镇教师之间无显著差异。职业偏好体现的是个人对所从事职业和所担任职务的兴趣、热爱、奉献程度，它不仅受自我效能感、兴趣领域等个人内在因素的影响，也受到工资待遇、工作环境等来自职业本身的外在因素的影响。职业偏好直接影响个体的成就。有研究通过访谈发现，农村教师职业偏好较低的主要原因是农村教师的生存状况不理想，工资待遇与城市教师差距较大，工作压力比较大，有不少教师甚至抱怨自己的薪资待遇不如外出打工的农民工（胡娜，2010）。职业偏好是影响教师胜任特质的一个非常重要的因素，这也提示人们要努力提高乡镇和县城教师的职业偏好。

6. 教师尊重他人的城乡差异

由表 2-2 可以发现，城乡教师在尊重他人方面所呈现的差异为：城区教师显著优于县城教师和乡镇教师，但县城教师和乡镇教师之间无显著差异。一般说来，城区教师因其教育理念、教育方法较非城区教师更为先进，因而更能做到充分尊重学生，将学生作为一个平等的个体来对待，而不是一味强调师道尊严。教师在尊重他人方面的城乡差异和前面几个维度的差异呈现出了一致性，一定程度上说明农村教师的个人特质需要改善。尊重他人是亟须教师关注的一种特质。自古以来，儒家文化就强调"尊老爱幼"的优秀品行，人们也常说"要想他人尊重自己，首先自己就得做到尊重他人""尊重是无条件的，无关对方的年龄、资历、能力、社会地位"等。因此，不仅学生要尊重教师，教师也要尊重学生。

7. 教师理解他人的城乡差异

城乡教师在理解他人方面的差异总体表现为：城区教师显著优于县城教师和乡镇教师，但县城教师和乡镇教师之间无显著差异。其实，尊重他人、理解他人是密切相关的，能做到尊重学生的教师也必定能做到换位思考，从学生的角度去理解学生。理解他人也和教师的个人特质密切相关，这再一次展现了非城区教师队伍的薄弱环节，教师胜任特质亟须提高。

理解他人是人们充分发挥自己的同理心，站在他人的角度去真切感知对方的思想、行为、情绪等，在人际交往中充分理解他人，这对于建立人际关系并保持亲密关系有极大的促进作用。在教育工作中，当教师不是以高高在上的姿态面对学生，而是以平等姿态去与学生交往，并站在学生的角度理解其行为时，就可以发现并克服教学中的阻碍因素，促进教师和学生关系发展，促进教育教学工作。农村教师应及时意识到自身的不足，努力改进，做到尊重学生、理解学生、与学生交流、倾听学生内心真实的想法，这也有助于教师与学生之间建立良好的人际关系，最终促进教学的顺利进行，教师教得开心，学生学习也乐在其中。

8. 教师胜任特质方面的城乡差异

调查结果显示，在教师胜任特质上，城区教师显著优于县城教师和乡镇教师，但县城教师和乡镇教师之间无显著差异。也就是说，乡镇教师和县城教师胜任特质整体水平在统计学意义上低于城市教师整体水平。虽然乡镇教师和县城教师胜任特质总体处于基本满意的水平，但这些区域的教师胜任特质水平低于城区教师整体水平，尤其是在专业素质、职业偏好以及信息搜寻方面明显低于城区教师。这说明相比城区教师，乡镇教师和县城教师的胜任特质发展水平确实存在提升的空间。

（三）不同绩效组教师胜任特质的差异

按照徐建平（2004）的做法，根据对"您是否为省市、国家级骨干教师/教学能手/特级教师/优秀教师/模范教师/学科带头人"的回答，将调查结果作为效标取样的依据，把接受问卷调查的教师分为优秀绩效组（$n=181$）和普通绩效组（$n=742$）[①]。再将教师胜任特质作为因变量，进行 t 检验，结果如表 2-3 所示。

统计结果显示，优秀绩效组教师与普通绩效组教师在个人特质、人际沟通两个维度上差异显著（$p<0.05$），专业素质、建立关系、职业偏好、教

[①] 有33位教师未填写，在统计中标识为缺失值。

表2-3 优秀绩效组与普通绩效组"教师胜任特质"的差异分析结果

	优秀绩效组	普通绩效组	t
个人特质	4.23±0.43	4.14±0.42	2.30*
关注学生	4.54±0.40	4.48±0.41	1.90
专业素质	4.61±0.39	4.50±0.41	3.11**
人际沟通	4.64±0.37	4.56±0.39	2.36*
建立关系	4.50±0.42	4.38±0.44	3.12**
信息搜寻	4.42±0.48	4.36±0.45	1.48
职业偏好	4.33±0.64	4.18±0.66	2.57**
尊重他人	4.39±0.52	4.36±0.50	0.76
理解他人	4.29±0.53	4.22±0.52	1.70
教师胜任特质	39.95±3.28	39.17±3.27	2.72**

师胜任特质（总分）上差异极其显著（$p < 0.01$）。总体来说，本研究结果与徐建平（2004）的研究结果较为一致。这说明，教师胜任特质可以把绩效优秀和绩效一般的教师区分开来。

三、小结

综上可知，除了人际沟通和建立关系这两个指标，城乡中小学教师在个人特质、关注学生、专业素质、信息搜寻、职业偏好、尊重他人、理解他人等教师胜任特质方面呈现出来的差异性基本一致，即城区教师显著高于县城教师和乡镇教师，而县城教师和乡镇教师之间没有显著差异。这充分说明乡镇教师胜任特质和城区教师胜任特质之间存在着很大的差异。因此，有必要再对乡镇教师这一群体进行更深入的分析研究，以揭示农村教师群体教师胜任特质方面的特点。

教师胜任特质是评价教师教学工作的主要参考点，也是教师培训的关注点。虽然国家对农村教育发展和农村教师队伍的建设越来越重视，但是城乡差异依然存在且不容忽视，农村教师的胜任特质水平仍然不如城区教师，尤其是在职业认同、专业素养、信息技术能力等方面存在着显著的差异。这种差距可能与农村基础设施建设落后、教师生存状况不理想、教师评价体系不完善和教师培训体系不合理等相关。农村教师队伍建设，关乎整个农村教育的质量，不断提高农村教师胜任特质水平是一个非常重要的问题。我们可以从改善农村教师生存状况、改进农村教师培训制度、加强农村教育信息化建设、建立基于胜任特质的农村教师考评体系、创建良好的工作环境等方面着手，全面提升农村教师的总体胜任特质水平，缩小城乡教育水平上的差距。

第二节　农村中小学教师胜任特质的特点

在探讨了教师胜任特质城乡差异的基础上，本节将重点关注农村中小学教师胜任特质的特点。

一、农村中小学教师胜任特质的性别差异

农村中小学教师胜任特质的性别差异如表 2-4 所示。

表 2-4　农村中小学教师[①]胜任特质的性别差异（$M \pm SD$）

	男教师（93 人）	女教师（146 人）	t
个人特质	4.09±0.45	4.14±0.42	-0.77
关注学生	4.35±0.45	4.48±0.42	-2.14*
专业素质	4.36±0.44	4.50±0.39	-2.61**
人际沟通	4.44±0.39	4.58±0.35	-2.86**
建立关系	4.30±0.41	4.37±0.40	-1.33
信息搜寻	4.23±0.47	4.34±0.44	-1.89
职业偏好	3.93±0.76	4.20±0.65	-2.92**
尊重他人	4.20±0.54	4.31±0.54	-1.42
理解他人	4.12±0.48	4.18±0.53	-0.86
教师胜任特质	38.05±3.29	39.11±3.15	-2.49*

---

① 本节所指的农村中小学教师，是以乡镇学校教师为样本。

由表 2-4 可以发现,不同性别的农村中小学教师在关注学生、专业素质、人际沟通、职业偏好及教师胜任特质总分上存在显著性差异,均是男教师得分低于女教师。

(一)关注学生

调查结果显示,在关注学生方面,农村女教师得分要高于农村男教师。这与徐建平的研究结果不太一致,这可能是由于时间、取样等方面的差异造成的。这种性别差异可以从两方面予以解释。一是就社会角色而言,女性更善于关注他人。女性从来都是被赋予温情柔和、细心体贴的社会角色,所以在实际的教育教学中,女性也能从母性角度出发,把学生当作自己的孩子一般去关注、照顾。二是调查对象所处环境不同。本研究调查的教师主要来自湖南省两个地市的乡镇学校,这些学校的留守儿童较多。在这样的背景下,中小学教师,尤其是女教师会承担更多家长的角色,这些额外的角色要求可能促使她们养成关注学生的优秀品质。当然,这样的解释还需要更多的研究来证实。

(二)专业素质

调查结果表明,在专业素质维度,农村女教师得分高于农村男教师。但也有研究分析了农村中学教师专业素质的个人背景变量,包括成就动机、激励学生、教学组织、教学科研、个性特征、积极学习、专业导向。结果表明,除了在"成就动机"上女性教师要高于男性教师外,女性教师和男性教师在激励学生、教学组织、教学科研、个性特征、积极学习、专业导向等维度没有显著差异,即男、女教师在专业素质层面上不存在明显差别(胡永萍,2006)。这与本研究的结果不太一致,可能是由于取样地区性、研究方法侧重点不同造成的。在教师培养的过程中,女性更加严谨细致的态度能促进女性教师专业素质的提高。

(三)人际沟通

调查结果显示,在人际沟通方面,农村女教师得分要高于农村男教师。有研究者对农村男教师和女教师在人际沟通方面的差异进行了深入探讨(胡永萍,2006),结果显示:在交往动机水平、支配性、友好相处能力和人际冲突平息能力方面，男性教师比女性教师得分要高；在交往规范性、开放性及人际关系建立能力方面，女教师比男教师得分高。这说明男教师在人际交往中更具有主动性和支配性，如遇到人际冲突也更容易平息，这可能与男同志心胸开阔、比较大度的特点有关。而女教师在人际交往中比较规范，更具有开放性，而且人际关系建立发展能力也较强，这可能与女同志向来比较亲切、说话和气及善于言语表达有关。生理学研究发现，男性和女性在大脑结构和功能方面是有差异的，女性更擅长与人交流沟通，并掌握艺术性的交往技巧。

（四）职业偏好

结果显示，在职业偏好方面，农村女教师得分高于农村男教师。在人们的生活经验中，中小学教师队伍中女性数量显著高于男性，这也是因为在传统文化里，女性就是孩子的照顾者、教育者，所以女性在选择职业时也会偏好于教师行业。农村地区男、女教师的数量更加不均衡。很多农村学校的男教师可能是由于没有更好的机会和选择，为了生计而只能留在农村中小学任教，这在一定程度上影响了男教师的职业偏好，他们将教师这一职业仅看成一个谋生的手段，并没有真正地融入其中，且自觉地承担起作为教师的神圣使命与责任。

（五）教师胜任特质的总体情况

调查表明，农村女教师胜任特质总分要高于农村男教师。也有研究表明，性别对农村教师胜任特质的影响是不显著的。本研究结果表明，女性在承担农村教育工作上并不比男性差，这提示我们应更看重教师自身的教育教学经验，而不是教师的性别。同时，这种差异可能与女教师的性别特征和社会角色有一定的关系。社会赋予男性和女性不同的社会角色，受社会角色的影响，女教师相对于男教师来说性格更加平和，心思更加细腻，她们与孩子的沟通有着更多的经验和优势。

二、农村中小学班主任与非班主任教师胜任特质的差异

班主任和非班主任在职能、角色等方面都有差异，教师胜任特质差异在

是否担任班主任这一方面的情况如表 2-5 所示。

表 2-5 农村班主任与非班主任胜任特质水平的比较（$M \pm SD$）

	班主任（107 人）	非班主任（130 人）	t
个人特质	4.21±0.41	4.08±0.44	2.32*
关注学生	4.50±0.38	4.39±0.46	1.90
专业素质	4.53±0.38	4.41±0.41	2.37*
人际沟通	4.61±0.34	4.49±0.38	2.64**
建立关系	4.42±0.35	4.32±0.44	1.91
信息搜寻	4.36±0.42	4.26±0.47	1.76
职业偏好	4.09±0.76	4.11±0.67	-0.15
尊重他人	4.27±0.52	4.29±0.54	-0.39
理解他人	4.19±0.50	4.15±0.51	0.63
教师胜任特质	39.19±3.03	38.50±3.33	1.65

由统计结果可见，班主任与非班主任在个人特质、关注学生、专业素质、人际沟通、建立关系存在非常显著（或边缘显著）的差异。

（一）个人特质

调查显示，农村教师中，班主任的个人特质优于非班主任。在实际教育活动中，班主任的任命一般会考虑教师的个人特质，因为班主任在学生心中的地位是独特的，他们既扮演着教师的角色，也扮演着管理者的角色，甚或在一定程度上扮演着家长的角色。班主任自身的特质对其能否担任班主任起着重要作用。

（二）关注学生

调查显示，农村教师中，班主任在关注学生方面表现要优于非班主任。t 检验的结果表明，是否担任班主任对农村教师关注学生方面的影响呈边缘显著（$t = 1.90$，$p = 0.059$）。对于教师而言，担任班主任就会对学生付出更多时间和精力，而不担任班主任的教师与学生的交流相对少些，这类教师把更多时间和精力放在教学上。但是，这并不影响这一类教师去关注学生，因为关注学生本身就是教师的义务。

（三）专业素质

调查显示，农村教师中，班主任在专业素质方面要优于非班主任。t 检验的结果表明，是否担任班主任对农村教师专业素质方面的影响差异显著（$t=2.37$，$p=0.018$）。在实际的教育教学活动中，学校领导者倾向于选择专业素质较高的教师去担任班主任，这可能是造成班主任与非班主任在专业素质方面出现差异的原因。

（四）人际沟通

调查显示，农村教师中，班主任在人际沟通方面表现要优于非班主任。t 检验结果表明，是否担任班主任对农村教师人际沟通方面的影响差异非常显著（$t=2.64$，$p=0.009$）。班主任更多地要主动与学生交往，了解学生的学习、生活、家庭等方面的情况，这就促进了班主任人际沟通能力的提高，也为教师更好地履行班主任职能打下了基础。

（五）建立关系

调查显示，农村教师中，班主任在建立关系方面表现要优于非班主任。t 检验结果表明，是否担任班主任对农村教师建立关系方面的影响呈现边缘显著水平（$t=1.91$，$p=0.057$）。在学校里，班主任有更多的时间和机会接触学生，因而会更容易与学生建立起和谐融洽的师生关系。

在实际的教育教学活动中，班主任与非班主任的工作内容和性质有着较大区别。班主任除了要承担教育教学和辅导学生学习的任务外，还要承担照顾学生、管理学生的责任。班主任面对数十名学生与学生背后的上百名家长，每天都要与学生进行交谈，了解他们的学习情况、人际交往情况、情感情绪的变化等，要时而温和细致，时而雷厉风行。班主任要与科任教师和家长保持密切联系，互通信息，形成教育合力。班主任需要不断地学习、总结经验来应对各种问题。保持强烈的自信心、积极的进取心是完成繁重工作任务的必要条件。大多数情况下，学校管理者挑选班主任，就是因为他们表现出比其他人更高的教育及管理能力，并且班主任岗位的要求也在不断提高他们的胜任特质。

三、小学与初中农村教师胜任特质的差异

社会对小学教师和初中教师的要求会有所不同，教师胜任特质在学校层次上的差异如表2-6所示。

表2-6 农村小学教师和初中教师胜任特质水平的比较（$M \pm SD$）

	小学教师（146人）	初中教师（98人）	t
个人特质	4.12±0.39	4.42±0.40	-0.44
关注学生	4.42±0.40	4.45±0.47	-0.46
专业素质	4.43±0.39	4.49±0.45	-1.13
人际沟通	4.55±0.34	4.51±0.41	0.71
建立关系	4.32±0.37	4.41±0.45	-1.62
信息搜寻	4.29±0.42	4.32±0.50	-0.48
职业偏好	4.17±0.71	4.00±0.69	1.84
尊重他人	4.23±0.54	4.33±0.54	-1.47
理解他人	4.15±0.51	4.19±0.52	-0.66
教师胜任特质	38.68±2.92	38.86±3.70	-0.42

表2-6显示，小学教师和初中教师在教师胜任特质总分上无显著差异，同时在各个维度上差异不显著。在针对小学教师和中学教师胜任特质的调查中，相关研究的分析表明，农村中小学教师胜任特质均处于基本胜任的状态（胡娜，2010）。在我国，小学和初中都属于义务教育阶段，其教育的目的就是向全体学生进行基础知识和基本技能的普及。总体来说，中小学阶段的教学内容相对于高中来说较简单，在专业知识方面一般教师都能达到要求。从发展心理学的相关理论来看，在儿童心理发展过程中，教师的影响是不可忽视的，小学生经常把教师当成权威，中学生则将教师视为榜样。中小学教师的工作更倾向于"关系导向"，教师要和学生做朋友，以平等姿态去关心、尊重学生，和学生建立良好的人际关系。这样更能自然而然激发学生学习的热情，学生对教师的教学也更感兴趣。

四、不同受教育程度农村中小学教师胜任特质的差异

教师的受教育程度和教师胜任特质密切相关，教师胜任特质在教师不同受教育程度上的差异如表 2-7 所示。

表 2-7 不同受教育程度农村中小学教师胜任特质的差异分析（$M \pm SD$）

	中专及以下①	大专②	本科③	F	两两比较
个人特质	3.98±0.37	4.17±0.41	4.11±0.46	1.51	/
关注学生	4.20±0.32	4.48±0.41	4.41±0.45	2.79	②>①
专业素质	4.19±0.35	4.48±0.40	4.46±0.44	3.15*	②>①
人际沟通	4.35±0.30	4.59±0.33	4.50±0.41	3.54*	②>①
建立关系	4.08±0.24	4.37±0.39	4.37±0.44	3.53*	②>①；③>①
信息搜寻	4.07±0.30	4.34±0.42	4.29±0.50	2.30	/
职业偏好	4.36±0.38	4.08±0.74	4.09±0.70	0.97	/
尊重他人	4.14±0.36	4.23±0.55	4.33±0.56	1.47	/
理解他人	4.93±0.42	4.21±0.53	4.16±0.50	1.94	/
教师胜任特质	37.30±2.33	38.96±2.89	38.73±3.68	1.62	/

表 2-7 表明：受教育程度对教师的个人特质、信息搜寻、职业偏好、尊重他人、理解他人、教师胜任特质总体水平并未产生显著影响，影响仅体现在关注学生、专业素质、人际沟通和建立关系上。具体而言，大专学历教师表现优于中专及以下学历的教师（关注学生、专业素质、人际沟通和建立关系方面），本科学历教师表现优于中专及以下学历教师（建立关系方面）。这就要求教育主管部门和教师教育机构高度重视和关注教师受教育程度及教师整体素质的提高。

五、小结

一直以来，我国农村教育与城市教育存在着较大的差别，二元化教育的趋势愈来愈明显。论其客观原因，主要是城乡有差别的教育政策、农村地区落后的经济状况等。这些差异决定着农村教育的落后在短时间内不可改变。

但从另一方面来看，虽然农村学校的教学条件以及师资力量较为薄弱，但是国家多次出台优惠政策，改善农村办学条件，加强农村教师队伍建设，促进农村教育快速发展。工作在一线的农村中小学教师更应该乘势而为，不断加强自身修养，提高自己的专业素养，从而提高自身的胜任特质，缩小与城市教师的差距。

第三章 中小学教师胜任特质的相关因素分析

当前，国内外关于教师胜任特质的研究重点大都放在胜任特质本身，如胜任特质有哪些特征、胜任特质如何分类等方面，而对中小学教师胜任特质受哪些因素影响的研究仍然不足，且尚无定论。本章主要探讨教师胜任特质的相关因素，着重考虑教师职业认同、教师专业发展与教师胜任特质的关系，并在此基础上探索学校领导方式、学校文化、社会支持等对教师胜任特质的影响。

第一节 教师职业认同与胜任特质的关系

一、教师职业认同的界定

对教师职业认同的定义，可谓仁者见仁，智者见智，目前学界主要有以下几种界定。

一是张力说。古德森（I. F. Goodson）和科尔（A. F. Cole）认为，教师的认同发展确立在个体和职业的共同基础之上（Goodson，Cole，1994）。福尔克曼（M. J. Volkmann）和安德森（M. A. Anderson）则认为职业认同是个体自我意象和个体感觉到必须扮演的教师角色之间的复杂的动态的平衡（Volkmann，Anderson，1998）。持这种观点的人认为，教师角色与内部期望值、教师角色与社会期望值达到动态平衡时，教师的职业认同度就高；相反，当任意二者失去平衡的时候，教师的职业认同度就相应地降低。因此，要想让教师拥有较高的职业认同，就必须保持两者之间相对的平衡。教师在失衡的状态中，职业认同度必然降低，工作胜任特质也会降低。

二是动态说。教师的职业认同会依据情境、个体因素及紧急事件而多次改变，认同必须永远处在重建和磋商中（Melucci，1996）[218]；职业认同是持续被重新界定的论述的一部分，而不是所有教师都拥有的一系列本质特征（Sugrure，1997）；康韦（P. F. Conway）提出预想反思的功能，把职业认同看作一个进行着的过程，认为它是动态的，而不是稳定的、固定的（Conway，2001）。持此观点的人认为，教师职业认同随着教师教育经验的不断丰富和时间的变迁而不断改变，教师的职业认同度也在发生变化，而从理解的角度来看，教师本人对其自身有不同理解，其职业认同的本质也不一样。每个人都有关于职业认同的本质看法，每个人的认识随着经验的变化而不断变化。不断变化的职业认同对胜任特质的影响是不容忽视的。教师职业认同本质的差异，导致教师在教育教学中表现出不同的特质。

三是过程说。迪拉保（J. A. Dillabough）认为职业认同从来不是固定的、预设的，而是在各种社会情境和环境中解释行为、语言、日常实践，或从为它们赋予意义的人之间的关系中发展而来的（Dillabough，1999）。伯格（R. V. D. Berg）则认为职业认同是教师的个体经验与他们所处的社会环境、文化环境和制度环境之间相互作用的结果（Berg，1999）。持这种观点的人强调相互作用对教师的职业认同是不容忽视的，教师在教育教学过程中，不断与周围的人（包括教师和学生、教师和家长、教师和领导、教师和教师等）进行人际交往，教师无时无刻不在与周围的环境相互作用，这些因素都直接影响到教师的职业认同。

四是特征说。佩切特（C. Paechter）认为，职业认同类似于教师们自己所认为的对他们职业重要的东西（Paechter，1996）；扬（J. Young）和格雷厄姆（R. Graham）强调，职业认同是用来刻画理想教师特征的东西（Young，Graham，1998）；萨克斯（J. Sachs）认为，教师职业认同就是由别人及教师自己加在教师职业上的一系列特征，它规定了一系列可以把一群人与其他人区分开来的共有的特征和价值（Sachs，2001）。这些观点肯定职业认同是教师的一个重要特征，教师职业之所以不同于其他职业就是因为教师拥有职业认同。不仅如此，拥有职业认同是评价教师的重要标准，是否拥有强烈的职业认同感也是衡量教师优秀与否的标志。教师的职业认同，赋予教师一种特殊的身份和愿景。教师是一个崇高的职业，教师培育人的活动是一种"爱"的活动。教师缺乏职业认同，就不会对学生产生爱，在教育教学过程中就不会有表达"爱"的行为和表现，这将导致师生的交流对话无异于"人与机器"的交流，这种活动无疑会是冷冰冰的。

五是意义说。"意义说"认为职业认同是"某人是谁或是什么，人们能够归到他们自己身上的各种意义，或由别人归结的意义"（Beijaard，1995），持这种观点的人将教师职业认同与教师工作意义等同起来，认为教师职业认同就是教师工作价值，价值是指客体对于主体所表现出来的积极意义和有用性。肯定教师的价值，有助于他人对教师职业的认同和自己对教师职业的认同。

除此以外，还有信念承诺说。例如，迈耶（D. E. Mayer）指出教师认同是建立在个体有关教学和作为一名教师的核心信念之上，这些信念是通过经验持续被塑造和再塑造的（Mayer，1999）。角色说则指出职业认同类似于用教师需要获得知识和技能来解释角色（Preuss，Hofsass，1991），涉及个体对教育和对在教育实践中作为一名教师的自己的解释框架（Dam，Blom，2006）。

在此基础上，有研究者将教师职业认同界定为"过程"和"状态"的结合，"过程"意味着教师职业认同是个体自我从自己的经历中逐渐发展、确认自己教师角色的过程；"状态"是指教师职业认同是当前教师个体对自己所从事的教师职业的认同程度，教师职业认同是一种与职业有关的积极的态度，包含认知、情感和行为倾向成分（魏淑华，2008）。

李素华在对认同概念进行梳理的基础上，认为"职业认同是指一个人认为工作不仅是谋生的手段，还是一个人价值实现的需要，在工作中表现出敬业爱岗的精神"（李素华，2005）。如此看来，职业认同牵涉自我卷入，教师会将教师职业要求内化为自我概念的一部分，形成教师职业角色，自觉自主地按职业要求行动，并能从中获得积极的体验（张丽萍，陈京军，刘艳辉，2011）。

二、教师职业认同与胜任特质关系的实证分析

本研究对教师职业认同与胜任特质的关系进行了分析，此部分研究对象同第二章第一节研究对象。

使用的问卷有：（1）徐建平编制的"教师胜任力测验"，该测验包括 10 个分量表，共 50 个项目（徐建平，2004）；（2）张丽萍、陈京军、刘艳辉编制的"中小学教师职业认同问卷"，该问卷包括 3 个维度，共 13 个项目，其中，职业—精神我维度 4 个项目，职业—物质我 4 个项目，职业—社会我 5 个项目，采用"很不符合"到"非常符合"5 点计分，分值越高表明该个体职业认同度越高，反之则越低（张丽萍，陈京军，刘艳辉，2011）。本次测得的总体 Cronbach's α 系数为 0.80。教师职业认同与胜任特质的相关如表 3-1 所示。

表 3-1　教师职业认同与胜任特质的相关分析结果

	个人特质	关注学生	专业素质	人际沟通	建立关系	信息搜寻	职业偏好	尊重他人	理解他人	胜任特质
职业—精神我	0.18**	0.23**	0.16**	0.18**	0.19**	0.15**	0.48**	0.16**	0.12**	0.28**
职业—物质我	0.03	0.07*	0.03	0.05	-0.01	0.06	0.33**	0.15**	0.01	0.12**
职业—社会我	0.09**	0.19**	0.15**	0.19**	0.14**	0.10**	0.29**	0.14**	0.10**	0.20**
职业认同（总分）	0.13**	0.23**	0.16**	0.19**	0.15**	0.14**	0.50**	0.21**	0.10**	0.28**

由表 3-1 可知，教师职业认同及其各维度与胜任特质（总分）之间具有显著的正相关。为了进一步分析教师职业认同与胜任特质的关系，将教师胜任特质作为因变量，将教师职业认同的三个维度职业—精神我、职业—物质我、职业—社会我作为自变量进行逐步多元回归分析，结果如表 3-2 所示。

表 3-2　教师职业认同对教师胜任特质的回归分析结果

因变量	自变量	R	R^2	F	$R^2_{改变量}$	B	$Beta$	t
教师胜任特质	职业—精神我	0.279	0.078	80.44**	0.078	1.144	0.279	8.97**

结果显示，职业—精神我进入了回归方程，表明其对教师胜任特质具有显著的正向预测力（$p<0.01$），其解释率为 7.80%。

教师的职业认同是教师对教育这一职业的正面认知，集中体现为教师职业角色和自我各部分需求的一致性关系，如果教师职业角色能满足自我各部分的需求，则教师职业认同度高，反之则职业认同度低。教师职业认同度高，意味着教师能更加认真地对待工作，因此其胜任特质的各个特征也表现得更加突出。根据以上结论，现分别论述职业认同的三个维度（职业—精神我、职业—社会我、职业—物质我）与教师胜任特质的关系。

（一）教师的职业—物质我与胜任特质

教师的职业—物质我涉及教师对自身职业工资收入的认同，职业—物质我越强表明教师越认为教师职业能够为自己提供经济保障。教师的职业—物质我与胜任特质存在显著的正相关，表明教师职业—物质我越强，越有助于教师胜任特质的发展。一方面，当教师的福利待遇能使教师实现自身价值需求时，便能吸引更为优秀的人加入教师队伍，为提升教师胜任特质的起点水平和入职后的教师胜任特质发展提供基础；另一方面，随着教师工资待遇的逐步改善，教师工作积极性也会提高，这有利于教师投入更多的精力去提升自己的专业水平。反之，当教师认为工资较低，终日思索转行，就无法在教育教学中投入足够的时间和精力；试想，假若教师有足够的工资用于支付自己和家人的支出，他们就可以全身心投入工作，从而为教育教学质量提供保障。有研究在实证分析的基础上发现，小学教师工资、福利与教育教学质量成正比（弓志敏，2011）。然而，不可否认的是，教师工资和福利待遇存在明显的差别，尤其是城乡差异比较明显，农村教师的经济收入比较低。基于此，有研究者认为"不从根本上解决农村教师的工资待遇问题，农村义务教育教学质量难以得到稳定持续的保障"（刘邦凡，2013）。

中小学教师的待遇收入影响教师或准教师对职业—物质我的认同，这种认同程度又会影响"教师职业"对自我的吸引力和教师对本职工作的投入程度，从而影响教师或准教师胜任特质发展。

（二）教师的职业—精神我与胜任特质

当人们的基本物质需要得到满足后，左右人们行为的更多的则是人的精神层面的东西，如尊重和爱、自我实现等方面。马斯洛的需要层次理论也充分说明，当低层次的需要得到满足时，才会产生高层次的需要。教师的职业—精神我反映了教师对自身职业精神的认同，具体表现在教师的意识状态、工作态度、个人气质等方面。本研究结果显示，教师的职业—精神我与其胜任特质存在显著的正相关，表明教师对职业—精神我的认同程度越高，其胜任特质发展越好，尤其是职业偏好越明显。

教师认为"当教师"能满足自己的精神需求时，不仅会体会到"当教师"的精神富足，而且能体会到"当教师"的重要价值，这些有助于教师职业热情的维持与提升。有实证研究结果显示，教师的职业认同各维度与教师的工作倦怠各维度存在显著负相关，教师的职业认同水平越高，其工作倦怠水平越低（孙利，2011）。因而，可以推测较高的职业—精神我认同有助于提高教师工作热情，阻碍工作倦怠的形成。教师保有工作热情有助于教师投入更多时间和精力到工作中，推动教师进行自我教育和参加教育培训，不断提升自己的教学水平，进而促进胜任特质的发展。

（三）教师的职业—社会我与胜任特质

教师的职业—社会我维度反映了教师职业角色和社会自我其他部分之间的一致性关系，表现为来自他人的认可与赞赏，例如声誉、社会地位等。职业—社会我强调两个方面的含义：一方面，社会对于教师的期望，社会对教师的角色、职业特点等的认识；另一方面，教师对社会如何认识教师职业的再认识，教师在社会众多角色中充当一种什么样的角色。前者表现为教师社会地位的高低，在不同的时期，社会对教师职业的认识是不一样的。社会对教师职业的认可度不同，直接影响教师投入教育教学工作的时间和精力，从而影响教师的胜任特质。

职业—社会我是教师对自身教师职业角色社会地位的认识和看法。当教师认为自己的工作仅仅是教书匠时，那么其主要工作将局限于教授学生书本知识，照本宣科，而不会用心钻研如何教书育人，如何提高自己的教育教学能力，如何去博得学生们的喜爱；当教师认为自己的工作是一种培养人的活动时，那么其会努力提高自己的教育教学方法，从而满足学生发展的需要；当教师认为自己的教育教学工作肩负着民族复兴的重任时，那么其就会在教学过程中把培养学生的爱国情怀及民族精神作为重要任务。

三、小结

职业—物质我、职业—精神我、职业—社会我是教师职业认同的三个方面，三者相互制约、相互影响，在三者相互影响的过程中，不同方面在相互作用中起主导作用时，将促使教师进行不同的选择，从而影响教师胜任特质。不过，需要指出的是，职业认同对教师胜任特质的影响可能不是直接的，可能通过工作热情、工作动机等间接影响。当然，这还需要在未来的研究中加以证实。同时，研究还发现教师职业—精神我对胜任特质具有更为明显的预测作用，这提示人们加强教师精神的满足具有更为重要的价值与意义。此外，在教师胜任特质各维度中，教师职业偏好与教师职业认同具有更为紧密的关联，说明教师的职业认同越高，对本职业的偏好越强。

第二节　教师专业发展与胜任特质的关系

一、教师专业发展的含义

教师专业发展是教师职业专业化的基础和源泉，是教师专业化的根本。教师的专业发展不仅是教师的成熟路径，也是提高教育质量和促进学生发展的保障。

什么是教师专业发展？学界至今仍众说纷纭。霍伊尔（E. Hoyle）认为，"教师专业发展是指在教师职业生涯的每一阶段，教师掌握专业实践所必备的知识与技能的过程"（Hoyle，1980）[42-54]。佩里（P. Perry）认为，"教师专业发展意味着教师个人在专业生活中的成长，包括信心的增强、技能的提高、对所任教学科知识的不断更新拓宽和深化以及对自己在课上为何这样做的原因意识的强化"（Perry，1980）[143]。利伯曼（A. Lieberman）认为教师专业发展关注教师对实践的持续探究本身，把教师看作一个成年学习者（Lieberman，1994）[15-16]。教师专业发展的概念还把教师看作一个"反思实践者"，一个具有缄默性知识基础的人，能够对自己的价值和与他人的协调实践关系不断进行反思和再评价的人。我国学者也对教师专业发展有诸多界定。例如，叶澜等人认为，"教师专业发展就是教师的专业成长或教师内在专业结构不断更新、演进和丰富的过程"（叶澜，白益民，王枬，等，2001）[226]。朱宁波认为，"教师个人在历经职前师资培育阶段、任教阶段和在职进修的整个过程中都必须持续地学习与研究，不断发展其专业内涵，逐渐达到专业圆熟的境界"（朱宁波，2002）[72]。刘万海则认为，"教师专业发展是以教师专业自主意识为动力，以教师教育为主要辅助途径，教师的专业知能素质和信念系统不断完善、提升的动态发展过程"（刘万海，2003）。

不同学科对教师专业发展的解释侧重点不同。教育学科侧重从课程与教师的关系进行阐释，形成了两种倾向性观点：一是教师为了适应课程改革的需要而发展；二是课程改革以促进教师的专业发展为目标。社会学则紧扣"教师社会化"探索教师专业发展，并涌现出一系列的解释视角，如功能主义、解释社会学、符号互动理论、批判理论等（朱旭东，周钧，2007）。心理学则从个体成长的角度为教师专业发展赋予一定的内涵，心理学研究者更加关注教师教学技能的学习以及教师专业成长的过程及其相关的影响因素。哲学为教师专业发展研究提供了一种普遍的范式，例如，生命哲学从关注教师是一个完整生命个体的角度来探讨教师的成长，它更多地把教师理解为人，关注人的生存状况和生存意义（王春燕，2008）；女性主义教育学从个人生活史出发研究教师专业发展，强调关怀伦理和非理性精神的成长（姜勇，2004）。

教师专业发展的内涵还可从宏观和微观两个角度把握。宏观层面的教师专业发展是指教师职业的专门化，它有赖于教育行政管理部门对教师群体的规范化管理，包括职前专业化教育、准入制度的建立、职后评估与考核等一系列标准化措施；微观的教师专业发展是指教师自身专业素质的提升，它有赖于教师对自身专业知识、技能、水平的认识和反思，对工作的态度、情感，以及职后继续学习（包括自学和参加培训）的意愿和行动。微观的教师专业发展关注教师的专业特性，如专业知能、专业情意、专业自我等（王少非，2005）[91]。在本研究中，我们倾向于采用后一种观点，即将教师专业发展视为教师自身专业素质方面的提升。它主要包括五个维度：（1）专业化理念，即教师职业专门化的观念；（2）专业知识技能，即教师对任教学科专业的胜任水平；（3）专业情意，即教师对任教学科专业有积极情绪体验并能一贯坚持；（4）专业问题意识，即教师能反思自身在专业方面的不足，并有意向进行专业提升；（5）专业发展行动，即教师主动寻求专业发展途径并付诸行动（陈京军，刘成伟，王霞，2014）。

二、教师专业发展与教师胜任特质的关系

本研究对教师专业发展与教师胜任特质的关系进行了分析，研究对象同第二章第一节，此处不再重复介绍。

使用的问卷有：（1）徐建平编制的"教师胜任力测验"，该测验包括10

个分量表，共50个项目（徐建平，2004）；（2）陈京军、刘成伟和王霞编制的"中小学教师专业发展问卷"，该问卷包含5个维度，共21个项目，5个维度分别为专业情意（3个项目）、专业发展行动（5个项目）、专业化理念（4个项目）、专业问题意识（5个项目）和专业知识技能（4个项目），问卷采用"很不符合"到"非常符合"5点计分，分值越高表明教师专业发展程度越高（陈京军，刘成伟，王霞，2014）。

研究先采用相关分析法，考察教师专业发展及其各维度与教师胜任特质及其各维度的关系，结果如表3-3所示。

表3-3　教师专业发展与胜任特质的相关分析

	个人特质	关注学生	专业素质	人际沟通	建立关系	信息搜寻	职业偏好	尊重他人	理解他人	胜任特质
专业情意	0.33**	0.39**	0.34**	0.33**	0.30**	0.33**	0.62**	0.29**	0.21**	0.46**
专业发展行动	0.50**	0.47**	0.48**	0.47**	0.44**	0.50**	0.39**	0.33**	0.33**	0.54**
专业化理念	0.34**	0.40**	0.40**	0.43**	0.36**	0.36**	0.32**	0.30**	0.27**	0.44**
专业问题意识	0.40**	0.48**	0.52**	0.51**	0.42**	0.45**	0.37**	0.35**	0.31**	0.53**
专业知识技能	0.38**	0.31**	0.32**	0.31**	0.26**	0.32**	0.25**	0.24**	0.29**	0.37**
专业发展总分	0.49**	0.52**	0.52**	0.52**	0.45**	0.49**	0.51**	0.38**	0.36**	0.60**

由表3-3可知，教师专业发展及其各维度与胜任特质之间呈显著正相关（$p<0.01$）。为了进一步分析教师专业发展与胜任特质的关系，将教师胜任特质作为因变量，将专业发展的五个维度作为自变量进行逐步多元回归分析，结果如表3-4所示。

表3-4　教师专业发展对教师胜任特质的回归分析结果

因变量	自变量	R	R^2	F	$R^2_{改变量}$	B	β	t
教师胜任特质	专业发展行动	0.610	0.371	187.45**	0.295	1.61	0.30	8.40**
	专业问题意识				0.052	1.37	0.24	6.62**
	专业情意				0.024	0.77	0.19	6.01**

表3-4表明，专业发展行动、专业问题意识、专业情意进入了回归方程，对教师胜任特质具有极其显著的正向预测力（$p<0.01$），多元相关系数为0.610，联合解释变异量为37.10%，就单个变量的解释率来看，专业发展

行动的预测力最佳，其解释率为 29.50%。

（一）教师的专业情意与胜任特质

专业情意指教师对从事教学工作具有积极情绪体验并能一贯坚持，能从自己的学科教学中获得成就感，喜欢自己的学科，在教学中感受到乐趣。研究结果显示，专业情意与教师胜任特质存在显著的正相关，其中与职业偏好的相关性特别明显，而且专业情意对胜任特质总分具有显著的预测作用（$p<0.01$）。

具体而言，教师的专业情意包括两个方面：一方面表现为教师对教育教学的积极情绪体验（如快乐等），以及爱、同情、关心、尊敬等情感体验；另一方面表现为教师对教育教学的专业意志，表现为教师乐意从事教师职业，即使遇到困难也有意志力将工作坚持进行下去。教师拥有对教育教学工作的热爱以及面对困难时的勇气和力量，将会促进教师的专业发展。一个拥有较强专业情意的教师，在遇到困难和挫折时，必然会表现出较强的耐受力和调节力。这种职业韧性对教师的职业倦怠、职业压力等负面情绪具有抑制作用。而专业情意比较弱的教师，在追逐价值实现的过程中，往往表现出急功近利、浮躁、个人主义等问题，或是在遭遇挫折时，自我认同感降低，甚至自我否定，一蹶不振。

当教师拥有积极情绪情感体验时，会全身心投入教育教学工作中，把学生的进步作为自己不断学习的动力，严格要求自己，提升自己各方面的能力，从而为胜任教师工作奠定良好的基础。同时，教师具有较强的职业韧性可以强化教师对教育教学的持续投入，有助于教师胜任特质的长期发展和可持续发展。

（二）教师的专业化理念与胜任特质

理念是人们经过长期实践及对实践经验进行理性思考和总结而形成的思想观念、精神向往、理想追求，是指引人们进一步从事理论研究和实践运作的航标和鹄的（李纯，2009）。教师专业化理念是指导教师实践的方向标。专业化理念为教师专业行为提供了理性支点，使得作为专业人员的教师与非专业人员区别开来。正确的理念会使教师的具体教育行为走在正确的轨道上，能深刻认识教育价值的教师不会仅仅流于知识的传授，而是会力图将教育的价值落实到每个教学行为中，他们会自觉运用所学专业技巧，关注学生的学业、道德、价值观、人生观、行为习惯的学习和培养。在这个过程中，当教师意识到自己的工作既是一项事业，也是一种专业时，就能感受到工作的重大意义和自豪感，各项胜任特质表现会更加积极与活跃。

教育部研究制定并颁布的《小学教师专业标准（试行）》和《中学教师专业标准（试行）》提出了四个基本的专业理念：学生为本、师德为先、能力为重、终身学习。"学生为本"要求教育教学活动始终要围绕学生的发展而开展，遵循学生身心发展特点和教育教学规律，提供适切性教育。秉承学生为本的理念有助于教师重视学生的主体性和发展性，强化教师和学生的对话，关注对学生的理解。这些行为表现本身不仅可以构成教师胜任特质的组成成分，而且毋庸置疑地有利于教师教育教学水平的提升。"师德为先"要求教师履行教师职业道德规范，具有师德为先的理念容易激发教师的爱心、责任心，诱导教师用耐心和细心面对学生，这是教师发展自我和提升自我素质的动力；同时，学校注重教师的师德教育，引导教师将三尺讲台当作实现人生价值的舞台，将关爱学生、尊重学生作为自己神圣的职责。以德育人，强化教师自我激励是中小学教师注重专业发展、提高胜任特质的重要前提。"能力为重"要求教师把学科知识、教育理论与教育实践有机结合，突出教书育人实践能力和提升教育教学专业化水平。教师面对的对象是学生，他们始终处于发展状态并有不同的需求，这需要教师有能力与学生交流沟通。教师如果形成了能力为重的专业理念，势必会根据教育教学需要主动学习教学技能和技巧，学习如何处理课堂中的突发事件，学习如何进行班级管理。因此，能力为重理念的影响是持续的，对提升教师胜任特质极为重要。"终身学习"理念要求教师时刻注意学习先进教育理论，了解国内外教育改革与教育发展的经验和做法。客观上讲，学习是人类生存和发展的重要手段，终身学习是当代教师发展自身和适应职业的必由之路。教师肩负着教书育人的重任，教师注重更新自身的知识结构和保持对新知识、新理念的好奇和敏锐，有助于自我知识的拓展和教学能力的提升。

（三）教师的专业发展行动与胜任特质

教师的专业工作是由众多专业行动所构成的，在所有专业行动中，教学活动占据最为重要的位置，它也是教师和学生互动的主要方式。很多人往往会忽视涉及教师本身发展的行动，如是否关注自身教学的反思、是否经常关注教育理论的学习、是否主动关注社会媒介对教育问题的评价等。这些都属于教师专业发展的实际行动，也是教师寻求专业发展的途径。教师专业发展行动强调将专业发展付诸行动，行动决定一切。实证研究结果显示，教师专业发展行动与教师胜任特质的相关性最高，对教师胜任特质的预测作用最强。

从某种意义上讲，专业发展行动是教师执行力的生动体现。教师为了专业发展，可能会采取一系列实际行动，例如参加学术会议、接受教育部门组织的学科专业培训、进入高校深造等。从实践经验来看，这些行动是有助于中小学教师胜任特质发展的。事实上，有些学校为了提高教师的专业水平，会积极邀请专家来校讲学或者外派教师参加各种培训，例如，我们从某市一所中学获得的研究资料就发现，全年该校派出 60 多位教师参加了国家、省、市、县级的教师培训和教学研究活动，这有助于开拓教师的视野和提升教师的能力。

(四) 教师的专业问题意识与胜任特质

所谓专业问题意识，指的是"教师对自身工作具有反思意识，能在教师工作中认识到自己现有专业发展状态中存在的不足及需要改进的问题，并进行尝试"（陈京军，刘成伟，王霞，2014）。教师的成长与专业问题是紧密相连的，教师的专业问题意识是教师的专业成长活力的重要表征。一般而言，问题意识是个体思维品质的表现，反映了思维的广阔性和深刻性，更反映了思维的独立性与批判性。强烈的问题意识有助于个体提出问题，也有助于个体解决问题，甚至可以激发个体的创造思维。对于教师而言，专业问题意识可以激发教师提高教学理论与实践水平的意愿，也可以激发教师积极探索和勇于创造的精神。

教师的成长过程是教师从新手型教师到熟手型教师，再到专家型教师的转化过程，教师的胜任水平是检验教师发展成熟度的指标之一。专业型教师具有优良的知识结构，能高效解决教学问题，善于创造性地解决问题，有很强的洞察力、完善的教学监控能力和较强的个人教学效能感（张大均，2006）[107-109]。以此来看，专家型教师善于解决问题，而且具有良好的问题意识。新手型教师向专家型教师转化受到多种因素的影响，其中教师的专业问题意识是这种转化的必备条件之一，也是教师胜任特质发展的重要因素之一。本研究也发现，教师的专业问题意识与教师胜任特质具有显著的相关，而且对教师胜任特质具有极其显著的预测作用。

（五）教师的专业知识技能与胜任特质

调查发现，教师专业知识技能与教师胜任特质的关系密切。教师专业知识技能是教师专业结构中的一个重要组成部分。教师专业知识技能的发展有助于教师胜任本职工作。教师专业知识技能既有教师在入职前所受的教育，也有工作过程中不断积累和学习的经验。大部分教师来自师范院校，他们在读书期间不仅会接受专门的教育教学专业知识训练，而且还进行了专门的教育见习和实习，在此阶段他们获得的专业知识技能会成为其教师胜任特质发展的基础。

三、小结

总而言之，专业情意、专业发展行动、专业化理念、专业问题意识、专业知识技能五个方面构成了教师专业发展的内涵。教师专业发展的不同成分对教师胜任特质发展的作用是不同的，例如，专业情意和专业化理念对教师胜任发展更多起到牵引作用，专业问题意识为教师胜任特质提供了发展基础，专业知识技能为教师胜任特质的培育奠定了基础，专业发展行动使教师胜任特质发展变得更有可能。

第三节　教师胜任特质的其他影响因素

教师胜任特质的发展除了受教师内部因素影响以外，还受到外部环境的影响，内外因素共同对教师胜任特质产生作用和影响。

一、学校领导方式与教师胜任特质

教师的发展与学校的管理水平息息相关，而学校管理水平的高低有赖于学校领导方式。学校领导方式是指学校领导开展领导活动所采取的思路、方法、举措和手段。有研究者运用"中学教师工作人格特质问卷""学校领导方式问卷"与"中学教师胜任特质测评问卷"对916名城乡中学教师进行了调查，结果发现教师工作人格特质、学校领导方式和教师胜任特质之间存在显著正相关，而且学校领导方式在教师工作人格特质和胜任特质之间发挥了中介效应。研究者进一步将学校领导方式分为学习型领导方式和非学习型领导方式，统计结果显示学习型领导方式对教师胜任特质的预测回归系数为0.128，非学习型的领导方式的预测回归系数为0.110（罗小兰，林崇德，2010）。这些至少表明两个观点：一是学校的行政领导方式能够在一定程度上预测教师的胜任特质；二是学习型的领导方式对教师胜任特质的预测程度要高于非学习型的领导方式。

组织氛围对教师胜任特质具有重要的影响，这种影响甚至比个人和工作本身更重要。而学校领导方式是教师工作的重要情境因素，在很大程度上决定着组织氛围。组织氛围是指在一个单位中逐步形成的、具有一定特色的、可以被单位成员感知和认同的气氛或环境。德国心理学家库尔特·勒温（K. Levin）曾把领导行为分为三种类型：专制型领导、民主型领导和放任型领导。那么，哪种领导方式效果最佳呢？勒温的研究显示，从对任务量的影响、对士气的影响、对领导者人际关系的影响和对领导者指导员工有效性的影响来看，民主型领导的效果最佳。民主型的校领导注重对教师的工作加以鼓励和协助，关心并满足教师的需要，营造一种民主与平等的氛围。在这种领导风格下，学校领导者与教师之间的社会心理距离较近，教师的工作动机和自主完成任务的能力较强，责任心也比较强，这有助于促进教师胜任特质的发展。

在学校领导层，校长的领导方式十分重要，它在很大程度上影响着学校的发展方向和发展动力。校长作为学校组织的设计者，承担着一系列重要使命，包括整合学校教师的愿景、价值观，设计和制定学校制度，组织教师的职后教育，提升教师有效处理问题的能力等。作为一个学习型领导，他们具有这些共同的行为表现：建立学校的共同愿景、营造学习型文化和促进组织成员共享决策（韦惠惠，2006）。校长是学习型领导还是非学习型领导，会对教师胜任特质发展造成不同的影响。相比非学习型领导，学习型领导方式更有利于教师发挥人格特质中的积极因素，进而间接地提高教师胜任特质水平。究其原因，学习型领导更关注教师参与学校决策活动，并能承担相应的责任。教师积极主动地参与决策，具有一定的自主权，他们在校长眼里也是一个个被培养的学校领导者，只是领导的侧重点和权限有所不同。这无疑会让教师在教育教学中充分地发挥自己的主动性、创造性和自主性，增强教师对学校、学生的认同感和责任感。不仅如此，作为一个具有个人愿景和发展动力的教师，他们更渴望接受学习型领导的影响，在学校共同意愿和学习型文化的构建中具有决策权，不断超越自我并在自我实现中获得成就感。因此，我们有理由相信，学习型领导方式能够为教师胜任特质的充分发展提供保障，也可以促进学校管理水平和办学水平的提升。

二、学校文化与教师胜任特质

最早研究学校文化的学者是沃勒（W. Waller），他在 1932 年出版的《教学社会学》（*The Sociology of Teaching*）中首次使用了"学校文化"（school culture）这一表述方式，并认为"学校文化是学校中形成的特别文化，它一方面借不同年龄的儿童将成人文化变成简单形态或借儿童游戏团体保留成人文化，另一方面则由教师设计引导学生活动的文化形成"。随着学校文化研究的推进，学校文化被称为学校全体成员或部分成员所共有、享用和传递的文化综合体。它体现为由师生在学校长期的教育实践过程中积淀和创造出来的，为师生所认同和遵循的价值观、精神、行为准则及规章制度、行为方式、物质设施。当然这是一种广义的定义，还有一种狭义的定义，即所谓的校园文化，指的是学校校园环境中存在的一切文化现象。

学校文化对教师发展的作用是潜移默化的。学校文化所烘托的氛围，所创造的环境，往往使置身其中的教师不可避免地受到影响。学校学生的学习氛围、学校的建筑风格、学校的校训、学校的知名度等，都会从某些方面影响教师，包括影响教师投入教学的时间和精力，进而影响教师胜任特质的发展。

基于学校文化的作用，学校要为教师提高胜任特质创造优越的环境。有研究发现，教师的工作环境与教师的绩效显著相关（吴湘萍，徐福缘，周勇，2006），这种工作环境不仅仅包括物质环境，更包含心理环境。因此，通过开展校园文化建设，形成尊师重教的风尚，培育校园团队精神，可为教师发展提供交流平台，有效提升教师的胜任特质。教师在合适的校园文化中，不仅可以了解本专业和相关领域的前沿知识，提出先进的教育理念，不断提高自己的专业胜任能力，还可以将自身行为根植于本校独特的文化之中，形成与文化相适应的行为模式。

对于新教师胜任特质发展而言，学校文化的作用也不容忽视。新教师走上工作岗位后，常常面临适应性问题，如角色转换不适应、教师专业信念受冲击、教师实践性知识匮乏和教学专业交流受阻等（王忠玲，阮成武，2007）。不解决新教师的适应问题，教师胜任教学将无从谈起。促进新教师适应有内外部措施，其中学校文化的影响十分重要。例如，学校文化的核心是学校价值观，新教师将学校价值观内化于自身的价值体系中，将促进教师认识自身的地位、存在的价值和意义，形成自我提升的指引方向。又如，人际关系氛围是学校文化的重要组成部分，新教师融入学校良好的人际关系中，与优秀教师共处获得教学技巧，与优秀教师交流获得教学智慧的培育之道，这些不单纯是新教师"存活"之本，更是他们走向"胜任"或"卓越"的宝贵财富。

三、社会支持与教师胜任特质

教师在工作中会不断面临新的问题，但当他们无法应付外界超出个人能量和资源的过度要求时，则会呈现生理、情绪情感、行为等方面的身心耗竭状态，即所谓的职业倦怠，主要体现为情绪衰竭、去人性化和个人成就感降低。就实践情况来看，这样的教师会产生无能为力、不胜任工作、经常请假、期盼放假、盼望退休等情感体验。即使一些本来优秀的教师，由于受工作负担、福利待遇等因素的影响，也会出现职业倦怠。因此，职业倦怠影响教师胜任特质的形成和持续发挥。

有实证研究显示，中小学教师的社会支持与职业倦怠存在极其显著的负相关，而且社会支持对职业倦怠有显著的预测作用（邵来成，高峰勤，2005；于飞飞，2013；廖传景，胡瑜，朱倩云，2015）。社会支持有助于缓解教师的职业倦怠，促进教师胜任特质的发展和发挥。一般而言，教师的社会支持来源包括学生、家长、同事、校领导、家人和朋友。相较而言，学生和学校领导的支持更为重要。就学生支持而言，教学是教与学的双边活动，师生双方相互交流、相互沟通、相互启发、相互补充，在这个过程中教师与学生彼此间进行情感交流，从而达到共识、共享、共进，实现教学相长与共同发展。学生支持教师体现为积极完成教师布置的任务、回应教师发出的教学指令，对教师的教学提出更多的意见，等等。学生这些表现不仅会激发教师的教学热情，也会促使其不断改进自己的教学方式，进而促进教师胜任特质发展。就领导支持而言，教师无论专业知识学习，还是教学技能培训，无论在校接受老教师和外来专家的指导，还是外出学习，都离不开领导的支持。客观上讲，校长的支持更为重要，在学校中，校长在很多方面是最重要、最有影响力的人。校长在某种程度上会影响学校风气、学习氛围的形成，影响专业化水准和教师的精神面貌的提升。加强学校领导的支持力度，提升校长的领导力，将会为教师胜任特质的培育提供持续的人力、物力、财力保障。

第四章 农村中小学生的学习质量及其特点

学生的学习质量一直都是衡量学生学习效果的一个重要标准。但是，以往的教育评价大都侧重于检验学生理论知识的掌握程度。进入 21 世纪后，我国开始实行全面的新课程改革，其目的就是要建构符合素质教育要求的基础教育课程体系。新课程改革进行到现阶段正在向纵深推进，由提高教学质量向提高学生学习质量转变，并树立起促进学生"知、情、意"全面发展的教育理念。具体来说，就是要让学生在德智体美劳各方面都得到发展。从长远来看，学生的学习质量直接关系到学生在未来社会中的生存和竞争能力，关系到国民整体素质和综合国力。人们普遍认同的观点是，中小学生学习质量是构成中小学教育质量的核心因素，是评价中小学教育质量的根本标准，也是衡量一个国家、地区基础教育发展水平的首要指标。本章从学生的德育、智育、体育三个方面来全面测量学生的学习质量，并为提出相关的促进策略提供事实依据。

第一节 中小学生学习质量问卷的编制

一、学习质量评价体系的现状

从学习质量评价方面的相关研究来看，研究者们较重视测评模型的构建和测评方法的探索，如美国的公民教育进步评估（National Assessment of Education Progress，NAEP）、英国的成就单元评量（Assessment of Performance

Unit，APU）、日本的学力调查等。国内的相关研究主要有 2003 年教育部成立的"国家中小学生学习质量分析与指导系统"项目组所进行的一系列研究工作，还有乔维德基于 BP（back propagation）神经网络的学习质量评价模型研究等（乔维德，2006）。

学习质量评价并不仅指各种测验和考试。将测验成绩作为学习质量的唯一评价标准，把学生的评价局限于对知识与技能的考查，不仅不利于学生的全面发展，也与素质教育的目标不符，更与新课程改革的指导思想背道而驰。目前国内外学习质量的评价方法主要有以下几种。一是表现性评价法，即在学生学习完一定的知识后，通过让学生完成某一实际任务来评价学生的学习状况，包括表现性任务和对表现的评价，这是对学生能力行为的直接评价。表现性评价并不局限于评价认知能力，也可用来评价非认知能力（涂艳国，2007）。二是真实评价法，要求学生运用所学的知识和技能去完成真实世界或模拟真实世界中一件有意义的任务，以检验学习成效（Meyer，1992）。三是发展性评价法，指教师运用有效的评价工具和方法，收集学生的学习表现信息，判断学生综合素质发展程度，促进学生进步的评价方式（马云鹏，刘学智，2007）[79]。此外，作为一种全新的学生学业评价方法，比格斯（J. Biggs）等人提出的 SOLO（Structure of the Observed Learning Outcome）分类理论也受到越来越多的关注（李佳，吴维宁，2009）。总之，对学生的学习质量进行测评只是一种手段而不是目的，究竟采用何种方式要视测评目标和教育目标而定。

综上，目前对于学习质量评价的研究多探讨评价模型、影响因素等方面，侧重质性评价方法，而适合我国教育实情且具有普遍推广价值的方法较少。本研究致力于学习质量的量化评价，按照新课程倡导的"知识与技能、过程与方法、情感态度与价值观"三维目标，将学习质量定义为中小学生在德智体、知情行等方面的发展状况，换言之，这种评价主要评价学生对知识、方法的掌握程度，情感、态度及意志方面的表现和相应的行为倾向等。与此同时，参照《基础教育课程改革纲要（试行）》中关于评价体系的有关说明编制调查问卷。问卷的编制是基于学生最了解自己的学习情况的理论假设，从学生主体出发，采用学生自评的方式，体现了建构主义评价观和素质教育对评价主体多元化的要求（毛新勇，1999）。本研究结合已有的研究成果，根据中小学教育实际，从德智体、知情行等方面编制小学高年级版和初中版学生学习质量自评问卷并对其进行信效度检验，以便为中小学生学习质量的测评提供一个全面而有效的工具。

二、问卷编制的过程

（一）研究被试

小学高年级版问卷的被试。在某市选取 3 所小学（其中城区小学 1 所，农村小学 2 所）发放问卷 682 份，收回问卷 682 份，有效问卷 674 份。其中小学四至六年级分别有 294 人、198 人、182 人；男生 354 人，女生 320 人。

初中版问卷的被试。在某市选取 4 所初中学校（其中城区与农村各 2 所）发放问卷 1540 份，收回问卷 1531 份，有效问卷 1424 份。其中初中一至三年级分别有 836 人、306 人、282 人；男生 745 人，女生 679 人。

（二）问卷项目的收集

问卷项目的收集和编写。问卷项目的收集和编写主要通过两种途径进行。一是文献综述。检索国内外相关文献，收集相关研究中与学习质量有关的问卷，主要以《全日制义务教育语文课程标准》《全日制义务教育数学课程标准（实验稿）》《全日制义务教育普通高级中学英语课程标准（实验稿）》《全日制义务教育思想品德课程标准（实验稿）》《体育与健康课程标准（修订版）》为指南，编制问卷项目。二是访谈，结合访谈结果修改项目。访谈对象包括 10 名小学五年级学生（男生 5 人，女生 5 人）和 10 名初中二年级学生（男生 5 人，女生 5 人），访谈内容涉及优秀学生学业良好的表现、能否读懂问卷项目、对这些项目有何意见等。

项目归类汇总。在问卷项目收集、编写和修改的基础上，对项目进行归类汇总，共获得小学高年级版问卷 110 个项目、初中版问卷 126 个项目。

问卷的初步评定与修改。问卷初稿拟定后，对问卷进行初步评定与修改。选取 4 名小学五年级学生做小学高年级版问卷，并请 5 名小学教师对问卷进行审定，在此基础上，对问卷进行修改，最后确定小学高年级版问卷 108 个项目；选取 4 名初中一年级学生做初中版问卷，并请 5 名初中教师对问卷进行审定，对问卷进行修改，最后确定初中版问卷 125 个项目。

三、研究结果及分析

（一）"中小学生学习质量自评问卷（小学高年级版）"分析结果

1. 项目分析

以问卷总分最高的27%和最低的27%作为高分组和低分组界限，采用独立样本 t 检验计算每个项目得分在两组上的差异，剔除差异不显著的项目2个；计算每个项目之间和每个项目与总分之间的相关系数，剔除项目与问卷总分相关小于0.3的项目8个，保留项目98个。

2. 探索性因素分析

将674份有效样本随机分为两半，一半用于探索性因素分析（$n=337$），另一半用于验证性因素分析（$n=337$）。经检验，两部分样本在性别、年龄、年级、父母文化程度上差异不显著（$p>0.05$）。

使用SPSS软件对数据进行因素分析。KMO和Bartlett球形检验结果如下：KMO=0.93，表明问卷各项目间的相关程度无太大差异，数据非常适合做因子分析；Barrlett球形检验卡方值为16634.25，自由度为4753，$p<0.001$，表明问卷项目间并非独立，取值是有效的。两个指标都说明数据适合进行因素分析。

使用主成分分析法、斜交旋转法提取因素，以特征值大于1为提取标准。第一次旋转的结果显示，特征值大于1的项目22个，依据碎石图，保留其中的3个因素。根据第二次因素分析结果，以共同度大于0.3，在单一因子上的载荷度大于0.3为标准，删减共同度小于0.3的项目12个，载荷小于0.3的项目6个，剔除题意表达不甚清晰的项目4个。多次旋转，相继剔除5个项目。抽取出的因子数目和各因子包含的项目与预先设计的项目接近并趋于稳定数目，最后保留项目71个，解释项目总变异的41.29%，各个项目的共同性为0.30—0.56，载荷度为0.33—0.85。依据问卷所含项目，将其分别归类为德育领域、智育领域、体育领域，其中德育领域19个项目，智育领域32个项目，体育领域20个项目，共计71个项目。

需要说明的是，此处的德育领域学习质量是指学生道德知识的掌握情况及道德情感、良好的行为方式和道德习惯等的表现状况，如"是否知道基本的交往礼仪"，"会不会感受到身边有值得你同情的人"，"当长辈、老师疲劳生病时，会不会主动关心安慰"等。智育领域学习质量主要指义务教育阶段，学生对主要科目文化知识与技能的学习状况，如"能不能在阅读中联系上下文理解语文课文中的重要词句的意思"，"能不能从统计图表中准确地提取信息，对数据做出简单的判断与预测"，"能不能看懂简单的英语配图小故事"等。体育领域学习质量主要指中小学生掌握有关人体机能与体质的知识、体育技能的程度以及相应情感体验和坚持锻炼的行为倾向等方面的表现程度，如"是否知道所练习的田径类项目中的运动动作，如起跑、起跳等"，"是否知道解决体育活动中可能遇到的粗暴行为和危险情况的方法"，"体育活动会不会锻炼你的意志力"等。

3. 信度分析

本研究分析了各因素的内部一致性信度和分半信度。分析结果如表4-1所示。

表4-1　问卷的信度系数

	德育	智育	体育	学习质量总分
内部一致性	0.92	0.96	0.92	0.97
分半信度	0.90	0.95	0.88	0.95

由表4-1可知，问卷总体内部一致性信度和分半信度均在0.95以上，各维度的内部一致性信度和总体分半信度也在0.88以上，说明该问卷具有较好的信度。

4. 效度分析

对问卷的结构效度进行检验，结果如表4-2所示。

表4-2　因素之间的相关及因素与总分的相关（r）

	德育	智育	体育
德育	1.00		
智育	0.74**	1.00	
体育	0.67**	0.64**	1.00
学习质量总分	0.88**	0.94**	0.83**

如表 4-2 所示，问卷各因素与总分的相关为 0.83—0.94，说明各因素较好地反映了问卷要测量的内容；各因素之间的相关系数为 0.64—0.74，呈中等偏高的相关，表明各因素具有一定的独立性，说明本问卷具有较好的结构效度。

进一步采用验证性因素分析来检验学习质量结构模型的拟合度。使用 AMOS 7.0 软件对模型进行检验，结果显示：$x^2/df = 1.74$，RMSEA = 0.05，GFI = 0.93，CFI = 0.91，IFI = 0.92。一般认为，结构方程模型中 CMINDF（相当于 x^2/df）值小于 5，RMSEA 小于 0.08，GFI、CFI、IFI 等指数在 0.90 以上，可以较好地拟合数据，并验证假设。由此可见，模型的指数拟合理想，问卷具有较好的结构效度。

（二）"中小学生学习质量自评问卷（初中版）"分析结果

1. 项目分析

以问卷总分最高的 27% 和最低的 27% 作为高分组和低分组界限，计算每个项目在两组上的差异，结果显示差异均显著（$p<0.05$）；计算每个项目之间和每个项目与总分之间的相关系数，剔除项目与问卷总分之间相关小于 0.2 的 2 个项目。

2. 探索性因素分析

将 1424 份有效被试样本随机分为两半，一半用于探索性因素分析（$n = 712$），另一半用于验证性因素分析（$n = 712$）。经检验，两部分样本在性别、年龄、年级、父母文化程度上无显著差异（$p>0.05$）。

使用 SPSS 软件对问卷数据进行因素分析。KMO 和 Barrlett 球形检验结果如下：KMO = 0.98、Barrlett 球形检验卡方值为 119329.99（自由度为 10153，显著性 p 值为 0.00）。这些说明数据适合进行因素分析。

使用主成分分析法、斜交旋转法提取因素，以特征值大于 1 为提取标准。因素提取数量不限定。第一次旋转的结果显示，特征值大于 1 的项目 21 个，依据碎石图，保留其中的 3 个因素。根据第二次因素分析结果，以共同度大于 0.3，在单一因子上的载荷大于 0.3 为标准，删减载荷小于 0.3 的项目 12 个，删除共同度小于 0.3 的项目 11 个。抽取出的因子数目和各因子包含的项目符合预先设计，且项目数趋于稳定。最后保留项目 83 个，解释项目总变异的 49.01%，各个项目的共同性为 0.42—0.74，载荷度为 0.39—

0.82。按照问卷的所含项目，将其分别归类为德育领域、智育领域、体育领域，其中德育领域 21 个项目，智育领域 33 个项目，体育领域 29 个项目，共计 83 个项目。

初中版问卷中三个领域学习质量的内涵如上述，但具体项目与小学高年级版不一样，如德育领域学习质量的项目有"是否知道保护自然、保护环境的重要性"，"是否会从爱惜学习用品、生活用品做起，尊重他人的劳动"等；智育领域学习质量的项目有"能否根据文章的内在联系和自己的合理想象，进行扩写、续写"，"是否理解并掌握了用来描述人和物的英语表达方式"等；体育领域学习质量的项目有"是否了解已经学过的运动项目的比赛技巧"，"是否认识和理解体育锻炼对身体内部功能发展的影响"等。

3. 信度分析

本研究分析了各因素的内部一致性信度和分半信度。分析结果如表 4-3 所示。

表 4-3 问卷的信度系数

	德育	智育	体育	学习质量总分
内部一致性	0.92	0.97	0.95	0.97
分半信度	0.87	0.94	0.91	0.95

从表 4-3 可知，问卷总体内部一致性信度和分半信度均在 0.95 以上，表明该问卷具有较高的信度。

4. 效度分析

对问卷的结构效度进行检验，结果如表 4-4 所示。

表 4-4 因素之间的相关及因素与总分的相关 (r)

	德育	智育	体育
德育	1.00		
智育	0.51**	1.00	
体育	0.58**	0.47**	1.00
学习质量总分	0.74**	0.88**	0.82**

表 4-4 表明，问卷各因素与总分的相关为 0.74—0.88，各因素较好地反

映了所测量的内容；各因素之间的相关系数为 0.47—0.58，呈中等偏低的相关。为进一步验证因素结构模型的构想效度，使用 AMOS 7.0 软件对模型进行检验，结果为：x^2/df = 3.14，RMSEA = 0.06，GFI = 0.89，CFI = 0.91，IFI = 0.91。综合这些指标可见，该模型结构对数据的拟合良好，问卷具有较好的结构效度。

以上研究表明，"中小学生学习质量自评问卷（小学高年级版）"和"中小学生学习质量自评问卷（初中版）"具有较好的信效度，可以作为研究中小学生学习质量的一种有效工具。

四、小结

在全日制义务教育课程标准的基础上，本研究采用文献分析与访谈相结合的方法，分别编制了小学高年级版和初中版学生学习质量自评问卷，并对问卷进行了探索性因素分析和验证性因素分析。对问卷的内部一致性信度、分半信度和结构效度的检验发现问卷具有较好的理论构想和良好的信效度。

第二节　城乡中小学生学习质量的比较

在教育教学活动中，学生的学习质量不仅是衡量教师教书育人效率的重要评价指标，更是教育工作者和学生家长最为关注的问题。在义务教育阶段，我国大力提倡素质教育，主张以学生发展为中心来教书育人。叶圣陶先生说过，"凡为教者必期于达到不须教"。教师在教书育人活动中并不仅仅是将知识传授给学生，更重要的是要教会学生学会学习，"授之以鱼，不如授之以渔"正是这个道理，除了学生在日常考试中所直观体现出来的学习成绩外，还要考查学生是否具备自我获取知识和自主学习的能力。毫无疑问，在学校教育中，学生的学习质量依旧是人们衡量教育工作成败的重要方面。本研究就是在推行素质教育的背景下，对城乡中小学生的学习质量进行的调查研究，目的是考察现阶段的基础教育工作成效，并期望能为基础教育体系的不断完善提供参考。

一、调查方法

（一）调查对象

对湘潭、永州两个地区 19 所学校（其中城区 6 所，县城 6 所，乡镇 7 所；小学 9 所，初中 10 所）4900 名中小学生进行了调查，有效问卷 4823 份。其中小学生 2335 名（男生 1224 名，女生 1063 名，缺失值 48 个；小学四年级 834 名，小学五年级 756 名，小学六年级 745 名）；初中生 2488 名（男生 1318 名，女生 1135 名，缺失值 35 个；初中一年级学生 838 名，初中二年级学生 794 名，初中三年级学生 856 名）。

（二）调查工具

自编"中小学生学习质量自评问卷（小学高年级版）"和"中小学生学习质量自评问卷（初中版）"（问卷具体内容见本章第一节）。

（三）调查程序与数据处理

事先准备好问卷，采用整班抽样的方法，给班级学生发放问卷，给予学生恰当的指导语，最大限度减少干扰因素，学生完成后，回收问卷。

剔除无效问卷后，用 SPSS 软件对数据进行分析处理。

二、调查结果及分析

（一）城乡中小学生学习质量的比较

从城区、县城、农村三种地域层次分别对初中生、小学生的德育、智育、体育及学习质量总体情况进行比较分析，结果如表 4-5 所示。

表4-5　城乡中小学生学习质量的比较结果（*M*±*SD*）

	初中生				小学生			
	德育	智育	体育	总分	德育	智育	体育	总分
城区	3.45±0.45	2.83±0.53	2.92±0.63	9.20±1.30	2.66±0.28	2.41±0.35	2.38±0.42	7.46±0.91
县城	3.43±0.42	2.87±0.49	3.02±0.51	9.31±1.18	2.61±0.35	2.26±0.40	2.38±0.41	7.26±1.04
农村	3.21±0.49	2.92±0.63	2.88±0.53	8.68±1.28	2.55±0.27	2.28±0.31	2.27±0.34	7.10±0.78
F	54.63**	58.90**	14.21**	49.96**	23.64**	38.55**	21.83**	27.78**

表4-5显示，尽管初中生和小学生在德育、智育、体育三个维度及学习质量总分上都存在显著的城乡差异，但具体情况略有不同。

1. 初中生学习质量的城乡比较

进一步分析发现，对于初中生而言，在德育和智育维度，城区学生和县城学生的学习质量都显著优于农村学生的学习质量，而城区学生和县城学生的学习质量没有显著差异；在体育维度上，县城学生的学习质量显著优于城区学生和农村学生的学习质量；在学生学习质量总分上，城区学生学习质量显著优于县城学生学习质量，县城学生学习质量显著优于农村学生学习质量。

这些结果表明，农村初中生学习质量与城区初中生学习质量之间存在显著的差异。城市里的学生因为生活环境的优越性，比农村学生更容易取得较高的学业成就。有研究者以城镇化背景下西部农村小学生为对象进行追踪调查，发现在以"强制性"和"免费性"为特征的义务教育体制下，农村家庭社会经济背景因素对孩子教育成就的影响效应明显，家庭社会资本占有量越多、质越高，其子女受教育状况越好、学业产出越好，学生也更能享受到学校办学条件改善带来的收益（周玉婷，2008）。这充分说明经济因素对学生学业成绩的影响巨大，农村地区的学生因为经济、家庭结构等原因，想要取得和城市学生相等的学业成绩，需要付出更大的代价。

2. 小学生学习质量的城乡比较

进一步分析发现，对于小学生而言，在德育维度，城区学生的学习质量优于县城学生的学习质量，县城学生的学习质量优于农村学生的学习质量，三者呈现递减趋势；在智育维度，城区学生的学习质量优于农村学生的学习质量，农村学生的学习质量优于县城学生的学习质量；在体育维度，城区学生和县城学生的学习质量都显著优于农村学生的学习质量，而城区学生和县城学生的学习质量没有显著差异；在学习质量总分上，城区学生显著高于县城学生，县城学生显著高于农村学生。

这些结果表明，农村小学教育质量与城市小学教育质量相比依然存在一定的差距。有研究者在 2013 年对西安某农村小学三至五年级的学生进行了关于儿童思想、自身素质及心理健康等方面的调查，结果发现：在思想和学习态度上，有 61.37% 的学生能够认识到上学读书是为了将来自身的发展和生存，但仍有 36.36% 的学生把上学读书视为赚钱的必经之路；在心理健康方面，调查显示，当和家境比自己好的同学在一起时，只有 27.27% 的学生表现出较为快乐的感受，有 59.28% 的学生对此种情况有着仅是一般的感觉，在同学之间的交流中不存在特殊的感受，有 13.64% 的学生和家庭背景较好的同学在一起时会有自卑、孤独的感受；在个人成就感方面，对于自己成绩较差的原因，有 12.12% 的学生认为是自己的努力不够，11.36% 的学生认为是老师教得不好导致自己的成绩较差，5.68% 的学生认为是自己家庭背景导致自己的成绩较差，10.83% 的学生认为自己天资较差是导致成绩差的最大原因（梁文艳，杜育红，2012）。

现有的研究启示人们，不断缩小城乡间教育水平的差距，完善农村基础教育体系，给城乡间学生一个相对而言平等均衡的教育环境是一项刻不容缓的艰巨任务。小学是学生学习生涯中为今后学习奠基的时期，其重要性是不言而喻的。

（二）城乡中小学生家庭因素差异与其学习质量的关系

1. 父母受教育程度与学生的学习质量

本研究所调查对象的父亲受教育程度的调查结果如表 4-6 所示。

表 4-6　中小学生父亲受教育程度

	市区	县城	乡镇
大学	26.6%	12.8%	1.8%
高中	39.6%	29.7%	15.2%
初中	27.7%	46.0%	58.0%
小学及以下	6.1%	11.5%	25.0%

对父亲受教育程度不同引起的学生学习质量的差异进行进一步分析，结

果如表 4-7 所示。

表 4-7　父亲受教育程度不同的学生的学习质量差异（$M\pm SD$）

	初中生				小学生			
	德育	智育	体育	总分	德育	智育	体育	总分
大学	3.57±0.40	3.06±0.47	3.05±0.61	9.68±1.12	2.67±0.27	2.42±0.33	2.39±0.38	7.48±0.82
高中	3.45±0.45	2.89±0.50	2.97±0.61	9.30±1.31	2.62±0.30	2.34±0.37	2.36±0.39	7.33±0.93
初中	3.32±0.43	2.70±0.50	2.94±0.51	8.96±1.18	2.57±0.32	2.26±0.36	2.31±0.40	7.15±0.95
小学及以下	3.27±0.50	2.62±0.52	2.91±0.54	8.81±1.25	2.55±0.36	2.22±0.40	2.31±0.41	7.08±1.04
F	37.25**	67.38**	4.45**	41.73**	13.35**	30.69**	4.61**	18.23**

表 4-7 显示，不管是初中生还是小学生，学生在德育、智育、体育维度以及学习质量总分受父亲受教育程度不同的影响而表现出了显著的差异，具体分析如下。

对于初中生而言，在德育维度和学习质量总分上，父亲受教育程度为"大学"的学生学习质量最高，父亲受教育程度为"初中"和"小学及以下"的学生学习质量相对较低，随着父亲受教育程度的降低，学生的学习质量也逐渐降低；在智育维度，学生学习质量在父亲不同受教育程度之间均表现出了显著的差异，即父亲受教育程度为"大学""高中""初中""小学及以下"的学生学习质量依次降低，两两间的差异显著；在体育维度，差异仅体现在父亲受教育程度为"大学"的学生学习质量显著高于父亲受教育程度为"高中""初中""小学及以下"的学生，其他各程度之间没有显著差异。

对于小学生而言，在德育、智育维度和学习质量总分上，父亲受教育程度为"大学"的学生学习质量最高，父亲受教育程度为"初中"和"小学及以下"的学生学习质量相对较低，随着父亲受教育程度的降低，学生的学习质量也逐渐降低；在体育维度，父亲受教育程度为"大学""高中"的学生学习质量显著高于父亲受教育程度为"初中""小学及以下"的学生。

同理，本研究所调查对象的母亲的受教育程度调查结果如表 4-8 所示。

表 4-8　中小学生母亲受教育程度

	市区	县城	乡镇
大学	19.0%	8.7%	1.7%
高中	39.9%	25.6%	14.4%
初中	33.2%	46.0%	54.7%
小学及以下	7.9%	19.7%	29.2%

进一步分析了母亲受教育程度不同引起的学生学习质量的差异，结果如表 4-9 所示。

表 4-9　母亲受教育程度不同的学生的学习质量差异（$M \pm SD$）

	初中生				小学生			
	德育	智育	体育	总分	德育	智育	体育	总分
大学	3.58±0.39	3.09±0.46	3.04±0.66	9.71±1.20	2.64±0.29	2.39±0.36	2.36±0.40	7.38±0.89
高中	3.44±0.46	2.89±0.52	3.01±0.60	9.34±1.31	2.63±0.29	2.35±0.35	2.36±0.39	7.34±0.89
初中	3.35±0.45	2.74±0.50	2.93±0.52	9.02±1.21	2.58±0.32	2.26±0.36	2.32±0.39	7.16±0.94
小学及以下	3.29±0.47	2.63±0.51	2.90±0.52	8.82±1.20	2.60±0.34	2.28±0.39	2.37±0.41	7.25±1.02
F	27.92**	55.23**	6.00**	35.82**	5.31**	14.31**	1.97	7.08**

表 4-9 表明，不管是初中生还是小学生，其德育、智育、体育维度得分以及学习质量总分受母亲受教育程度的影响有显著的差异。具体分析如下。

对于初中生而言，在德育、智育维度和学习质量总分上，母亲受教育程度为"大学"的学生得分最高，母亲受教育程度为"小学及以下"的学生得分最低，两两间差异显著；在体育维度上，母亲受教育程度为"大学""高中"的学生得分显著高于母亲受教育程度为"初中""小学及以下"的学生。

对于小学生而言，在德育维度，母亲受教育程度为"大学""高中"的学生得分仅显著高于母亲受教育程度为"初中"的学生；在智育维度上，母亲受教育程度为"大学""高中"的学生得分均显著高于母亲受教育程度为"初中""小学及以下"的学生；在体育维度，母亲受教育程度为"小学及以下"的学生得分显著高于母亲受教育程度为"初中"的学生；在学习质量总分上，母亲受教育程度为"大学"的学生得分最高，而母亲受教育程度为"初中"的学生得分最低。

在家庭文化的结构中，父母受教育程度是最主要的组成部分。法国学者布迪厄最早提出文化资本的概念，他认为文化资本是社会各阶级和个体所拥有的知识、技术、气质及文化背景的总和，是一种有别于经济资本和社会资本，基于对文化资源的占有的资本。父母拥有较多文化资本，一般会更加重视子女的受教育情况，并且通过言传身教的方式使子女接受更多更好的教育（纪春梅，2010）。有研究表明："对社会流动产生重要乃至决定作用的文化资本往往是由教育赋予的，并以教育资格的形式被制度化，通常表现为学历和文凭证书等形式。"（窦东梅，蒙衡，2008）

2. 父母的学习辅导与学生的学习质量

中小学生对父母的学习辅导情况的满意度调查结果如表 4-10 所示。

表 4-10　中小学生对父母学习辅导情况的满意度

	市区	县城	乡镇
很不满意	3.5%	3.1%	3.1%
不太满意	7.3%	3.2%	8.8%
一般	33.1%	25.5%	40.1%
较满意	29.0%	33.4%	28.3%
很满意	27.1%	34.8%	19.7%

进一步对父母的不同学习辅导情况所引起的学生学习质量差异进行分析，结果如表 4-11 所示。

表 4-11　不同学习辅导满意程度学生的学习质量差异（$M\pm SD$）

	初中生				小学生			
	德育	智育	体育	总分	德育	智育	体育	总分
不太满意	3.33±0.48	2.63±0.54	2.95±0.60	8.91±1.33	2.53±0.34	2.22±0.38	2.30±0.42	7.06±1.00
一般	3.29±0.47	2.64±0.48	2.85±0.55	8.78±1.20	2.56±0.32	2.23±0.36	2.29±0.41	7.07±0.95
较满意	3.40±0.41	2.84±0.48	2.98±0.52	9.21±1.17	2.61±0.29	2.32±0.34	2.34±0.37	7.27±0.89
很满意	3.49±0.45	2.96±0.52	3.05±0.57	9.51±1.26	2.66±0.29	2.39±0.36	2.39±0.39	7.44±0.91
F	25.32**	61.38**	17.42**	46.86**	18.78**	29.28**	9.14**	23.20**

注：由于"很不满意"的统计量很少，所以并入"不太满意"中。

　　由表4-11可以发现，对于初中生和小学生而言，对父母学习辅导满意程度不同，其学习质量也各不相同。具体分析如下。

　　对于初中生而言，在德育、智育维度和学习质量总分上，学习辅导满意度不同的学生的学习质量差异表现为："很满意"优于"较满意"，"较满意"优于"一般"，但是"一般"和"不太满意"之间差异不显著；在体育维度，学生的学习质量随着其对父母的学习辅导满意度的降低而递减，辅导满意度为"一般"和"不太满意"的学生的学习质量之间有明显的差异，但辅导满意度为"不太满意"的学生学习质量优于辅导满意度为"一般"的学生。

　　对于小学生而言，其在德育、智育维度和学习质量总分上的差异和初中生一致，只有在体育维度有些许不同，小学生的学习质量在辅导满意度"很满意""较满意""一般"之间逐渐下降，同时，辅导满意度为"很满意"的学生学习质量要显著高于辅导满意度为"不太满意"的学生的学习质量，其余不同满意度学生之间学习质量没有显著的差异。

　　父母对孩子学业的辅导与父母自身的文化水平有密切关系，在城市里接受教育的学生父母普遍受教育程度比较高，他们有能力在学校教育之外辅助学生学习，而农村父母明显受限于自身的文化水平而不能给予子女学习上的辅导。有研究对西藏农牧区学生家庭情况进行了调查，发现学生家长受教育程度普遍偏低，在被调查的132名农牧区学生家长中，家长个人及其配偶文化程度分别为：文盲12.7%和19.6%，小学72%和68.6%，初中11%和6.9%，高中2.5%和4.9%，大专以上1.7%。由于学生家长文化程度不高，家长无力辅导子女学习，92.2%的家长表示孩子学习有一些困难或困难很大，仅有21.7%的家长辅导子女，51.9%的家长想帮助但没有能力，24.8%的家长干脆不管（纪春梅，2010）。

　　在中国社会城镇化加速发展的背景下，农村留守儿童越来越多，对这一特殊群体的研究也越来越多，对于留守儿童来说，在生活、学习上给予他们关心照顾的主要是父母双方中的一个或者是爷爷奶奶，这就使得他们得不到最基本的家庭教育，更别说家长对于他们学业上的帮助了。研究也表明，留守儿童的生活质量和普通儿童间存在着较大的差距，在留守儿童中，父母越关心孩子学习、父母与孩子交流频率越高、父母与孩子沟通越好，留守儿童的生活质量越高（窦东梅，蒙衡，2008）。

3. 父母的教育方式与学生的学习质量

本研究让被调查者对父母的教育方式进行了评价，结果如表 4-12 所示。

表 4-12　中小学生父母教育方式的调查结果

	市区	县城	乡镇
比较民主	54.0%	55.0%	38.9%
比较专制	33.6%	33.0%	39.3%
比较溺爱	8.4%	9.5%	14.0%
比较冷漠	4.0%	2.5%	7.7%

进一步对父母教育方式不同的学生的学习质量进行差异分析，结果如表4-13 所示。

表 4-13　不同父母教育方式的学生的学习质量差异（$M \pm SD$）

	初中生				小学生			
	德育	智育	体育	总分	德育	智育	体育	总分
比较民主	3.46±0.43	2.91±0.51	2.99±0.55	9.37±1.22	2.66±0.26	2.40±0.34	2.36±0.39	7.42±0.85
比较专制	3.34±0.45	2.71±0.50	2.94±0.55	8.99±1.24	2.62±0.30	2.32±0.36	2.37±0.38	7.31±0.91
比较溺爱	3.24±0.48	2.59±0.51	2.87±0.60	8.70±1.28	2.53±0.35	2.21±0.38	2.29±0.41	7.03±1.00
比较冷漠	3.24±0.49	2.65±0.54	2.96±0.56	8.83±1.36	2.53±0.37	2.21±0.39	2.31±0.41	7.05±1.03
F	27.93**	49.04**	5.88**	33.61**	20.06**	29.83**	4.70**	19.72**

由表 4-13 可以发现，在不同的父母教育方式下，初中生和小学生学习质量均有显著的差异。进一步分析发现，无论初中生，还是小学生，有一点是共同的，即在"比较专制""比较民主"和"比较冷漠"三种教育方式中，教育方式为"比较民主"的学生学习质量更好。

家庭是孩子生活的微观系统，对孩子的成长有着重大的影响。在家庭环境中，父母的教育方式与孩子的健康成长、人生成就有紧密的联系。从科学教育的角度来说，家长的教育方式要"爱而不溺""严而不厉"，对孩子的教育要循序渐进、因材施教。

"教养"一词中的"教"指教育,"养"指抚养,一个侧重精神层面,一个侧重物质层面,这也说明教养不是仅仅在生活上给予孩子最基本的照顾,更有对孩子各方面发展的教育指引。美国著名心理学家鲍姆琳德(D. Baumrind)提出了家长教养方式的四种类型:权威型、专断型、放纵型、忽视型,父母教养方式的差异会使孩子形成不同的行为方式。就学习而言,权威型的父母会给予孩子更多的肯定和鼓励;专断型的父母会更关注孩子最终的学习成绩,忽视学习成绩背后的因素;放纵型的父母能积极地肯定孩子,但缺乏控制;忽视型的父母对孩子既缺乏爱的情感和积极反应,又缺少行为方面的要求和控制,这也就造成了孩子在学习质量上的差异。

4. 对父母的教养满意情况与学生的学习质量

学生对父母的教养满意情况调查结果如表4-14所示。

表4-14 中小学生对父母教养的满意程度

	市区	县城	乡镇
很不满意	3.6%	1.7%	2.4%
不太满意	10.8%	3.7%	9.8%
一般	30.3%	21.4%	35.8%
较满意	31.9%	38.1%	35.2%
很满意	23.4%	35.1%	16.8%

进一步对父母教养满意程度不同的学生的学习质量进行差异分析,结果如表4-15所示。

表4-15 不同父母教养满意程度的学生的学习质量差异($M\pm SD$)

	初中生				小学生			
	德育	智育	体育	总分	德育	智育	体育	总分
不太满意	3.29±0.49	2.61±0.51	2.85±0.57	8.75±1.25	2.55±0.31	2.25±0.35	2.32±0.38	7.12±0.88
一般	3.27±0.47	2.62±0.49	2.84±0.56	8.73±1.21	2.54±0.33	2.22±0.37	2.28±0.41	7.04±0.96
较满意	3.41±0.41	2.82±0.49	2.97±0.53	9.20±1.78	2.61±0.30	2.33±0.35	2.36±0.38	7.30±0.88
很满意	3.51±0.45	2.99±0.51	3.10±0.55	9.60±1.24	2.66±0.29	2.38±0.37	2.39±0.39	7.43±0.93
F	38.14**	72.66**	29.72**	67.67**	18.29**	23.32**	8.96**	20.90**

注:由于"很不满意"的统计量很少,所以并入"不太满意"中。

由表 4-15 可以发现，对于初中生和小学生而言，对父母教养满意程度不同，其学习质量也各不相同。初中生在德育、智育、体育三个维度和学习质量总分上，以及小学生在德育、智育维度和学习质量总分上，均表现为教养满意程度"很满意"的优于"较满意"的、"很满意"的优于"一般"的、"很满意"的优于"不太满意"的。"较满意"的优于"一般"的、"较满意"的优于"不太满意"的。而小学生在体育维度，学习质量的差异只表现在父母教养满意程度"很满意"的优于"不太满意"的、"很满意"的优于"一般"的、"较满意"的优于"一般"的，其余的不同教养满意程度上学生学习质量没有表现出显著差异。

学生对父母的教养满意程度会直接反映在亲子关系上，有学者关于初中生亲子关系与学习动机的相关研究发现，初中各年级学生中，有不良亲子关系的比例都在 30% 以上，其中初一学生的亲子关系存在的危机最为明显，初三年级亲子关系不良的学生比重很大，达到了 40.6%，初二学生的亲子关系最为良好。研究结果表明，初中生的亲子关系质量与学习动机水平密切相关，说明亲子关系是影响初中生学习动机的重要家庭因素（刘占克，黄成毅，2013）。

5. 父母与孩子的沟通频率与学生的学习质量

在调查中，要求学生主观评价父母与自己的沟通频率，选项有"很少""较少""一般""较多""很多"，调查结果如表 4-16 所示。

表 4-16　父母与孩子的沟通频率

	市区	县城	乡镇
很少	10.6%	7.4%	13.8%
较少	13.3%	12.8%	14.3%
一般	27.2%	30.2%	33.6%
较多	22.8%	27.1%	25.7%
很多	26.1%	22.5%	12.7%

进一步对亲子沟通频率与学生学习质量进行差异分析，结果如表 4-17 所示。

表 4-17　不同亲子沟通频率的学生的学习质量差异（*M*±*SD*）

	初中生				小学生			
	德育	智育	体育	总分	德育	智育	体育	总分
较少	3.26±0.49	2.61±0.48	2.83±0.58	8.70±1.24	2.54±0.33	2.21±0.39	2.28±0.40	7.04±0.94
一般	3.44±0.44	2.75±0.51	2.93±0.55	9.02±1.20	2.56±0.33	2.25±0.37	2.31±0.40	7.12±0.96
较多	3.40±0.44	2.85±0.48	2.98±0.52	9.22±1.19	2.62±0.29	2.33±0.35	2.36±0.39	7.31±0.90
很多	3.58±0.39	3.01±0.52	3.13±0.56	9.72±1.22	2.67±0.28	2.40±0.36	2.39±0.39	7.47±0.89
F	50.24**	62.07**	27.56**	67.28**	21.08**	32.86**	9.59**	25.78**

注：由于"很少"的统计量很小，所以并入"较少"中。

由表 4-17 可以发现，对于初中生和小学生而言，不同沟通频率的学生学习质量有显著差异。具体分析如下。

初中生在德育、智育、体育三个维度以及学习质量总分上，不同亲子沟通频率的学生学习质量差异显示出一致性，都表现为沟通次数为"很多"的学生的学习质量优于"较多"的学生的学习质量，亲子沟通频率为"很多"的学生的学习质量优于"一般"的学生的学习质量，亲子沟通频率为"很多"的学生的学习质量优于"较好"的学生的学习质量，亲子沟通频率为"较多"的学生的学习质量优于"一般"的学生的学习质量，亲子沟通频率为"较多"的学生的学习质量优于"较好"的学生的学习质量，亲子沟通频率为"一般"的学生的学习质量优于"较好"的学生的学习质量。而小学生在德育、智育、体育三个维度及学习质量总分上，差异表现各有不同。小学生在德育、智育维度及学习质量总分上，不同亲子沟通频率间学生的学习质量差异呈现一致性，亲子沟通频率为"很多"的学生的学习质量优于"较多"的学生的学习质量，亲子沟通频率为"很多"的学生的学习质量优于"一般"的学生的学习质量，亲子沟通频率为"很多"的学生的学习质量优于"较好"的学生的学习质量，亲子沟通频率为"较多"的学生的学习质量优于"一般"的学生的学习质量，亲子沟通频率为"较多"的学生的学习质量优于"较好"的学生的学习质量。在体育维度，小学生学习质量差异只体现在沟通频率为"很多"的学生的学习质量优于"一般"的学生的学习质量，亲子沟通频率为"很多"的学生的学习质量优于"较好"的学生的学习质量，亲子沟通频率为"较多"的学生的学习质量优于"较好"的学生的学习质量。

对于孩子来说，与父母保持良好的沟通能帮助他们克服生活、学习中的困难，对自我形成正确的认知。学生不是单一的个体，学习质量的高低也不仅仅是学生自身的因素造成的。学生除了在学校学习的时间外，更多的是在家庭中，这就要求家长主动去关心、了解学生在学校的学习生活情况，与学生积极沟通，这样才能及时发现学生在学习上遇到的困难，给予学生帮助，或者在学生取得良好学习成绩时，给予学生适当的鼓励，促使学生更加勤奋。

6. 对与父母沟通的满意度与学生的学习质量

学生对与父母沟通的满意度的评价结果如表4-18所示。

表4-18　中小学生对与父母沟通的满意程度

	市区	县城	乡镇
很不满意	2.6%	1.4%	2.2%
不太满意	8.6%	4.6%	10.8%
一般	34.1%	24.9%	33.8%
较满意	32.5%	36.6%	34.3%
很满意	22.2%	32.5%	18.9%

对不同的与父母沟通满意程度的学生的学习质量进行差异分析，结果如表4-19所示。

表4-19　不同沟通满意程度的学生的学习质量差异 （$M \pm SD$）

	初中生				小学生			
	德育	智育	体育	总分	德育	智育	体育	总分
不太满意	3.27±0.44	2.56±0.52	2.79±0.61	8.62±1.22	2.54±0.35	2.21±0.37	2.29±0.43	7.04±0.99
一般	3.30±0.46	2.66±0.49	2.88±0.56	8.84±1.20	2.54±0.34	2.22±0.37	2.30±0.41	7.07±0.97
较满意	3.39±0.44	2.83±0.48	2.97±0.52	9.19±1.20	2.59±0.30	2.31±0.36	2.31±0.39	7.21±0.90
很满意	3.53±0.44	2.98±0.52	3.09±0.57	9.59±1.27	2.68±0.27	2.40±0.36	2.42±0.37	7.50±0.87
F	35.68**	65.58**	23.43**	58.66**	30.30**	34.55**	15.60**	33.13**

注：由于"很不满意"的统计量很少，所以并入"不太满意"中。

由表4-19可以发现，对于初中生和小学生而言，对与父母沟通的满意度不同，学生的学习质量各不相同。具体分析如下。

初中生在智育、体育维度和学习质量总分上，差异都表现为沟通满意程度为"很满意"的学生学习质量优于"较满意"的、"很满意"的优于"一般"的、"很满意"的优于"不太满意"的、"较满意"的优于"一般"的、"较满意"的优于"不太满意"的、"一般"的优于"不太满意"的；但是初中生在德育维度上并未发现沟通满意度为"一般"的优于"不太满意"的差异。

小学生在德育、智育维度及学习质量总分上，差异都表现为沟通满意程度"很满意"的学生学习质量优于"较满意"的、"很满意"的优于"一般"的、"很满意"的优于"不太满意"的、"较满意"的优于"一般"的、"较满意"的优于"不太满意"的。小学生在体育维度上的差异只表现为沟通满意度"很满意"的优于"较满意"的、"很满意"的优于"一般"的、"很满意"的优于"不太满意"的。

随着时代的进步和教育的普及，现在家长的教育观有了很大的改进，不再认为学校教育是孩子成长的唯一途径，而是普遍认识到了家庭教育的重要性。在这样的情况下，一般家长都能够做到主动与孩子交流、沟通，即使是在外工作，不能陪伴在孩子身边的父母也都能够尽可能多地和孩子沟通。但对于孩子来说，与父母进行沟通并不代表与父母沟通良好，有些时候，孩子对与父母沟通的满意度并不高，这可能使父母并不能真正地、全面地了解孩子成长的状况，理解孩子心中的烦恼和困惑。对于生长在农村、家庭成员文化素养偏低的孩子来说，这种情况更加普遍。对父母的沟通满意度低，间接地影响孩子的学习质量。对于中学生而言，他们处在成长的特殊时期，需要父母更多的关心和理解，也渴望和父母进行内心的交流，期望父母能够设身处地地理解他们。他们与父母沟通的方式以及对沟通过程和结果的满意度会影响他们的成长。对父母沟通满意度高可以鼓励孩子今后与父母进行更多内心的分享交流，对父母沟通满意度低就会损害孩子与父母沟通的信心和期望，长此以往，势必在父母和孩子之间筑起一座高墙。

第三节　农村中小学生学习质量的特点

近年来，农村教育一直是社会密切关注的话题。我国农村人口占总人口的绝对多数，尽管社会在飞速发展，但不可忽视的是，农村教育与城市教育依然存在很大的差距，中国教育现状最显著的特征就是城乡二元化。尽管如此，农村人"鲤鱼跳龙门"的途径依旧是教育，农村人把太多的理想和对未来生活的美好憧憬寄托在教育上。在上文已分析讨论了城乡地区学生学习质量差异性的基础上，下文将更深入地探讨农村学生学习质量的现状，希望能为提高农村教育质量，改善农村教育现状提供参考。

一、农村中小学生学习质量的性别差异

农村中小学生学习质量的性别差异如表4-20所示。

表4-20 农村中小学生学习质量的性别差异（$M \pm SD$）

	初中生				小学生			
	德育	智育	体育	总分	德育	智育	体育	总分
男生	3.14±0.51	2.49±0.54	2.91±0.55	8.54±1.31	2.50±0.27	2.24±0.32	2.31±0.33	7.05±0.77
女生	3.28±0.45	2.70±0.48	2.84±0.52	8.82±1.23	2.63±0.26	2.35±0.30	2.21±0.34	7.18±0.78
t	-3.45**	-4.74**	1.60**	-2.54*	-6.15**	-4.70**	4.01**	-2.21*

从表4-20可以发现，农村初中生和小学生的学习质量都表现出了显著的性别差异，具体如下。

初中女生德育、智育维度得分和总分分值都显著高于初中男生德育、体育维度得分和总分分值，但是初中女生的体育分值和初中男生的体育分值没有显著的差异。

小学女生德育、智育维度得分和总分分值也都显著高于小学男生德育、智育、总分分值，但是在体育分值上，小学女生显著低于小学男生。

研究者发现，在实际的教育教学工作中，小学阶段女生不仅学业成绩明显好于男生，而且其他方面也比男生好。生理学和心理学的研究表明，在同龄儿童中，男孩发育比女孩迟缓。从生理上来说，自胎儿起，男孩发育就落后于女孩，一直到青少年晚期，男孩才能真正追赶上女孩。从心理发育方面来说，男生在口语、读写、计算能力上的发育都比女生晚，尤其是在自制力和言语发展上，男孩的落后更加突出。有教师专门针对"小学阶段男生学业成绩不如女生"的现状进行了调查与分析，发现造成这种状况的主要因素有

三。一是男孩自制力相对较差，他们调皮、爱玩，同时由于智力发展较女生落后，他们接受新知识也比女生慢，这就造成小学阶段的男生不太招老师喜欢。二是现行教育模式限制了男生成长，科学研究证实了男性和女性的发育阶段性有差异，但在学校教育中，教师和家长都要求男生和女生在相同时间内有同等的学业表现，这就让男孩处于不利地位。三是小学师资结构严重不平衡，男教师比例仅在10%左右，随着年龄的增长、年级的递增，男生们更需要一个充满阳刚之气的男教师，这样也有利于培养男生吃苦、拼搏的精神和强烈的责任感，可是实际的情况却是有的年级连一个男教师都没有（陈梅珍，2013）。

许多研究都证实了男女两性间的智力因素和非智力因素差异对男女生学习质量的影响。在教育体系不断完善的今天，人们应该以事实为依据，在教育教学活动中探索如何更好地对男生和女生进行教育，让他们都能够真正地、更好地发展自己的能力，发挥自身的优势。

二、农村中小学生学习质量的年级差异

表 4-21 表明，不管是初中还是小学，不同年级的学生在德育、智育、体育维度和学习质量总分上都表现出了不同程度的差异，具体分析如下。

表 4-21 农村中小学生学习质量的年级差异（$M\pm SD$）

	初中生				小学生			
	德育	智育	体育	总分	德育	智育	体育	总分
年级①	3.26±0.55	2.81±0.57	2.96±0.62	9.03±1.52	2.50±0.26	2.20±0.30	2.21±0.32	6.91±0.72
年级②	3.24±0.46	2.60±0.46	2.93±0.49	8.78±1.23	2.52±0.29	2.30±0.33	2.25±0.37	7.07±0.85
年级③	3.16±0.46	2.44±0.48	2.80±0.49	8.41±1.13	2.66±0.22	2.35±0.28	2.36±0.30	7.38±0.69
F	2.47	26.89**	5.10**	12.85**	24.30**	15.08**	10.92**	20.71**
两两比较	①>③	①>②；②>③	①>③；②>③	①>③；②>③	③>①；③>②	②>①；③>①	③>①；③>②	③>②>①

注：初中生组年级①表示初一，年级②表示初二，年级③表示初三；小学生组年级①表示四年级，年级②表示五年级，年级③表示六年级。

对于初中生而言，在德育维度，初一年级学生的学习质量显著优于初三年级学生的学习质量，而初一年级与初二年级、初二年级与初三年级学生的

学习质量之间没有显著的差异；在智育维度，年级越高，学生学习质量越差；在体育维度和总分上，初一年级和初二年级学生的学习质量好于初三年级学生。

对于小学生而言，在德育维度，小学四年级、小学五年级学生的学习质量显著差于小学六年级学生的学习质量；在智育维度，小学四年级学生的学习质量显著差于小学五年级和小学六年级学生的学习质量；在体育维度，小学六年级学生的学习质量显著优于小学四年级和小学五年级学生的学习质量；在学习质量总分方面，年级越高，学生学习质量越好。

表4-21中的数据分析结果也表明，在初中阶段，随着年级的增长，学生的学习质量呈现出降低的趋势，这就要求教育工作者们反思出现这一状况的原因。这一现象或许与初中生面临的升学压力有关。随着年级的升高，学生面对的升学压力越来越大。对上海市静安区12所学校3000多名学生的调查显示，在完成作业后，多数小学生感到不是很累，而许多中学生反映很累或较累，随着年级的升高，感到累的学生人数递增。从小学生到中学生，选择"很累"的人数比例由6.2%增至15.4%，选择"较累"的由19.8%增至47.2%，而选择"一点都不累"的小学生为40%多，中学生则为6.5%，对比鲜明（王俊山，张燕燕，柯慧，2011）。

第五章　农村中小学生学习质量的
相关因素分析

学习质量不仅反映了学生的综合学习能力，还体现了学校的教育质量。近年来，已有研究者对中小学生的学习质量进行了比较系统的调研和评价，并编制了特定的测评工具进行定量研究。然而，较少有研究者关注影响中小学生学习质量的因素，尤其是针对农村中小学生这一特殊群体。因此，通过实证调查了解农村中小学生学习质量的水平与特点，并进一步探讨相关因素对学生学习质量的影响，将有助于农村中小学教育教学政策的制定，也有利于促进农村中小学生健康成长，并为维护农村中小学生心理健康提供理论依据和方法借鉴。

第一节　农村初中生人际关系与学习质量的关系

初中阶段，学生纵向人际关系出现了转型，由小学时期的"儿童—成人"关系逐渐转变为"成人—成人"关系。这个阶段，初中生的独立意识逐渐增长，有强烈的"成人感"，同时又面临"同一性危机"造成的人际关系问题。因此，相对而言，探讨初中生的人际关系特点及其对学习质量的影响更显重要。

一、人际关系概述

初中生正处于世界观、人生观、价值观形成的时期，由于教育条件、师资水平、家庭经济状况和父母文化素质等原因，农村初中生有厌学情绪的较多，学业不良的比例明显高于城市。大量研究表明，进入中学后许多学生存在不同程度的适应不良问题，很多小学阶段学习优秀的学生，升入初中后成绩有所下降，或者出现其他不适应现象，这对学生的学业、身心等方面的发展都将产生不利影响。一般来说，学校适应可从学业适应、人际关系适应、行为适应、情绪和心理适应等几个方面来衡量，以往研究多偏重于学业适应和心理适应，而对人际关系和学业情绪的研究较少，因此，研究农村初中生的人际关系及其与学生学习质量的关系，有利于正确引导农村初中生的学习，促进学生全面发展。

随着年龄的增长，同伴关系在青少年的社交网络中开始发挥重要的作用。相较于幼儿期和小学阶段，初中生的同伴关系有了新的内容和特点，对其今后的适应和发展显得更加重要。同时，刚入初中的学生对教师的崇拜心理和遵循权威的心理还没有发生根本性改变，因此，师生关系对初中生亦有重要意义。师生关系是指教师与学生在教育、教学及日常交往过程中形成的，以认知、情感和行为反应等为主要形式的心理关系（张野，李其维，张珊珊，2009）。初中阶段是个体身心发展最特殊的阶段，初中生与教师的关系是其人际关系中极为重要的方面，师生交往的类型与质量将直接影响学生人格与社会性的发展。研究发现，师生关系的亲密性有助于提高学生的学业成绩（张宝歌，姜涛，2009）；师生之间的冲突是学生在学校环境中产生焦虑的重要原因，可能会妨碍其对学校环境的适应（邹泓，屈智勇，叶苑，2007）。

以往研究多侧重于考察城市初中生的人际关系和学习质量的内在关联，很少涉及农村初中生。事实上，农村初中生所处的生活环境及所得到的社会关注、社会支持与城市初中生是有显著差别的。因此，本研究拟考察农村初中生的人际关系特点，进而探索人际关系与学习质量的内在联系，为农村初中教育教学的开展提供依据。

二、研究对象与研究工具

（一）研究对象

采用方便取样的方法，选取 4 所中学的初中生为调查对象，总共发放问卷 1400 份，收回问卷 1328 份，其中有效问卷 1257 份，被试基本情况如表 5-1 所示。

表 5-1 被试基本情况

单位：人

	性别			年级			
	男生	女生	合计	初一年级	初二年级	初三年级	合计
农村	320	225	545	266	193	86	545
城市	364	348	712	396	204	112	712
合计	684	573	1257	662	397	198	1257

（二）研究工具

1. 同伴关系量表

同伴关系量表采用马什（H. W. Marsh）等人 1984 年发表，华东师范大学陈国鹏、朱晓岚等人修订的"自我描述问卷"中的同伴关系分量表（陈国鹏，朱晓岚，1997）。量表共 18 道题，采用 6 点计分，从"完全不符合"到"完全符合"依次计为 1—6 分，要求被试根据自己的实际情况作答。本研究中量表的内部一致性系数（α 系数）为 0.79，分半信度为 0.81。

2. 师生关系量表

采用邹泓等人编制的"师生关系问卷"，该问卷是在王耘等人研究的基础上，进一步修订了皮安塔（R. C. Pianta）的"师生关系量表"而形成的。问卷包含四个维度（正向维度：亲密性、支持性和满意度；负向维度：冲突性），共 23 个项目（邹泓，屈智勇，叶苑，2007）。其中，亲密性维度 7 个项目，支持性维度 5 个项目，满意度维度 4 个项目，冲突性维度 7 个项目；各维度采用 5 点计分，从"很不符合"到"完全符合"依次计为 1—5 分。被试在亲密性、支持性和满意度上的得分越高，表明师生关系越趋向于正向；在冲突性维度上的得分越高，表明师生关系越趋向于负向。本次测验的四个维度的内部一致性系数（α 系数）分别为 0.81、0.85、0.86、0.90，分半信度分别为 0.78、0.84、0.88 和 0.88，量表总体分半信度为 0.85。

3. 学习质量自评问卷（初中版）

该问卷由课题组自编，共 83 个项目，其中智育领域共 33 个项目、体育领域共 29 个项目、德育领域共 21 个项目（李三福，陈秋永，周毅，2012）。本问卷采用 4 点计分，从"完全不符合"到"完全符合"计为 1—4 分，得分越高，学习质量越高。本次测验的内部一致性系数为 0.972，分半信度为 0.872。

三、城乡初中生人际关系的比较分析

城乡初中生在人际关系上存在显著差异如表 5-2 所示。在师生关系上，城市初中生在师生亲密、师生支持、师生满意三个维度及师生关系总分上都显著高于农村初中生（$p<0.01$）；在同伴关系上，城市初中生的得分也显著高于农村初中生（$p<0.01$）。比较分析初步表明，农村初中生的人际关系现状比城市初中生要差很多。

表 5-2　城乡初中生人际关系的差异（$M\pm SD$）

	师生亲密	师生支持	师生满意	师生冲突	师生关系总分	同伴关系总分
农村	21.41±6.02	17.59±4.65	13.88±3.99	26.00±6.91	78.89±14.32	74.57±12.97
城市	22.37±6.26	19.07±4.68	14.96±4.12	27.86±6.88	84.26±15.81	79.51±13.28
t	-2.737**	-5.556**	-4.658**	-4.735**	-6.298**	-6.582**

四、农村初中生人际关系的性别、年级差异

对不同性别、不同年级的农村初中生在师生关系和同伴关系上的得分进行多因素方差分析，结果发现：在师生冲突、师生关系总分、同伴关系总分上，女生得分显著高于男生（$p<0.001$）；师生亲密、师生支持、师生满意维度不存在性别上的显著差异（$p>0.05$）。同时，师生冲突、师生关系总分、同伴关系总分在年级这一变量上存在显著差异（$p<0.05$），在师生冲突、师生关系总分方面，七年级学生得分显著高于八年级、九年级学生；在同伴关系总分方面，九年级学生得分显著高于七年级、八年级学生（见表 5-3）。

表5-3 农村初中生人际关系的性别、年级差异（$M\pm SD$）

		师生亲密	师生支持	师生满意	师生冲突	师生关系总分	同伴关系总分
性别	男生	21.18±0.39	17.38±0.30	13.57±0.26	24.25±0.43	76.37±0.91	73.60±0.82
	女生	21.23±0.43	17.83±0.33	14.08±0.29	28.09±0.48	81.23±1.01	77.81±0.92
	F	0.01	1.03	1.72	35.57***	12.78***	11.64***
年级	七年级	22.00±0.37	18.03±0.29	14.14±0.25	27.06±0.42	81.23±0.88	73.68±0.80
	八年级	21.28±0.45	17.13±0.34	13.82±0.30	25.22±0.49	77.45±1.04	74.81±0.95
	九年级	20.33±0.65	17.65±0.50	13.52±0.43	26.22±0.72	77.73±1.52	78.61±1.37
	F	0.92	2.03	0.87	4.09*	4.54*	4.82**
	$F_{年级*性别}$	0.92	0.23	0.003	0.94	0.05	3.64*

注：***$p<0.001$，下同。

值得指出的是，在同伴关系总分上，年级与性别的交互作用显著（$p<0.05$）。进一步简单效应分析发现，七年级女生和男生的同伴关系总分差异不显著；八年级、九年级女生的同伴关系总分显著高于男生。这表明随着年级的升高，女生的同伴关系显著好于男生（见图5-1）。

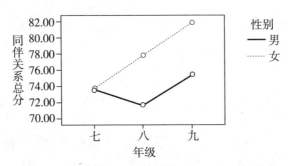

图5-1 不同年级、不同性别学生同伴关系总分均值

在师生关系方面，女生在师生冲突、师生关系总分上的得分显著高于男生。女生的师生冲突得分高于男生，可能是由于农村重男轻女的封建思想根深蒂固，女生在家庭中的地位明显低于男生，她们也更意识到学习是出人头地的重要途径之一。因此，她们在学校学习或生活中会更在意老师对自己的评价。加之农村初中生相对城市初中生而言较为敏感，自尊心易受到伤害，更容易因一些小事表现出强烈的自卑感，特别是女学生表现得更为明显，老师无意中的不恰当言语或是一次小的批评，就会引发师生冲突。同时，师生冲突、师生关系总分在年级这一变量上存在显著差异，七年级学生在师生冲

突、师生关系总分方面的得分显著高于八、九年级学生。七年级学生师生冲突得分最高可能是由于七年级学生的自尊水平较高（胡志海，姚兵，2011），且学生从较为轻松的小学升到要求逐渐严格的初中后，对新学习环境和人际关系还未能适应。此外，七、八、九年级学生在师生亲密、师生支持、师生满意上的得分呈降低趋势。这说明，随着相处时间的增加，师生关系不仅没有得到改善，反而有所恶化。这可能是由于小学的学习内容、学习环境和学习方法等和初中有着很大的区别，七年级学生处于这一过渡期，会有一种新奇的感觉，而且七年级的学生相对高年级学生来说，对教师的崇拜心理还没有改变，再加上七年级学生尚未进入完全的心理叛逆期。因此，相对于高年级的学生来说，七年级学生也会更听老师的话。

在同伴关系方面，性别差异显著，女生的得分显著高于男生，这说明女生的同伴关系要好于男生。以往的许多研究在不同程度上证实了性别角色和性别差异在友谊选择中的重要影响。例如，张洪霞的研究结果表明，在农村初中生的社会支持方面，男女差异非常显著，即女生获得的社会支持要多于男生，尤其在朋友支持方面，女生获得的朋友支持更多（张洪霞，2010）。同伴关系在年级上的差异也是显著的，九年级学生得分显著高于七、八年级学生，这是由于随着相处时间的增加以及对中学生活的逐步适应，学生们更愿意敞开心扉去与其他同学交朋友。

五、农村初中生人际关系与学习质量的关系分析

调查发现，农村初中生学习质量总分及其各维度得分与师生亲密、师生支持、师生满意和同伴关系呈显著正相关，与师生冲突呈显著的负相关（表5-4）。

表5-4　农村初中生人际关系与学习质量的相关分析（r）

	师生亲密	师生支持	师生满意	师生冲突	师生关系总分	同伴关系总分
智育	0.35**	0.40**	0.36**	0.21**	0.48**	0.33**
体育	0.32**	0.39**	0.32**	-0.01	0.35**	0.28**
德育	0.28**	0.37**	0.38**	0.11**	0.40**	0.28**
学习质量总分	0.40**	0.48**	0.43**	0.14**	0.51**	0.37**

为进一步考察人际关系能否预测学习质量，以学习质量总分为因变量，以师生关系总分、同伴关系总分为自变量进行逐步回归分析，结果如表5-5所示。师生关系、同伴关系对学习质量具有显著的预测作用，多元相关系数为0.558，联合解释变异量为0.311，就个别变量的解释量来看，师生关系的预测力最佳，其解释量为0.263。

表5-5　农村初中生人际关系对学习质量影响的回归分析

因变量	自变量	R	R^2	ΔR^2	$R^2_{改变量}$	B	β	t
学习质量	师生关系	0.558	0.311	0.309	0.263	1.328	0.443	11.814**
	同伴关系				0.048	0.761	0.231	6.147**

相关分析和回归分析表明，学习质量总分与其各维度得分与师生关系及其各个维度均有显著的正相关。即师生关系越好，初中生的学习质量也越好。关于师生关系对学业成绩的影响，国外许多研究表明：良好的师生关系有利于儿童形成对学校的积极情感态度，积极参与班级、学校活动，与同学建立积极的情感关系，发展良好的个性品质和较高的社会适应能力；不良的师生关系可能使儿童产生孤独的情感、对学校的消极情感，在学校环境中表现退缩、与教师同学关系疏远以及具有攻击性行为等，从而影响其学业行为和成就，进而造成辍学、心理障碍等现象（Ryan，2001；Wentzel，Barry，Caldwell，2004；杨钋，2009）。李春苗、刘祖平在师生关系对中学生学习影响的调查研究中发现，中学生对与科任教师关系的主观知觉与该门课的成绩有着显著的相关（李春苗，刘祖平，1998）。

调查结果还显示，学习质量总分及其各维度得分与同伴关系呈显著正相关。良好的同伴关系有利于个体获得较高学业成就。瑞安（A. M. Ryan）通过研究得出，同伴关系影响学生的学业成绩（Ryan，2001）。学业成绩不良是由许多因素引起的，其中同伴关系不良是影响学习情绪而导致成绩下降的一个重要因素，被同伴拒绝的孩子在学业上获得的同伴帮助要比其他孩子少。长期的同伴排斥导致儿童消极地看待自己和他人，对学校产生消极和负面的态度，因此他们不愿意参加学校活动，包括学业活动。在学业和交往上常遭失败的学生，由于其成就需要和交往需要得不到满足，经常体验到由挫折引起的紧张、愤懑、焦虑等情绪，这些消极的情绪又引发学生个体对学业和同伴的消极行为反应，进一步导致学业和同伴关系的不良，从而形成恶性循环

(Eva, Munoz, Hanson, et al., 2010; Kong, 2008; Kember, Leung, 2009)。

初中生的师生关系和同伴关系良好与否可以直接预测其学习质量。师生亲密对学生的发展带来积极影响，而师生冲突则产生消极影响。师生间出现矛盾，会使师生间的思想沟通和情感交流出现阻碍，导致互不信任，学生不尊重教师，教师怀疑学生的积极性等（刘万伦，沃建中，2005；Ang，2005）。同时，良好的同伴关系能帮助初中生积极地适应学校生活，提高其学习成绩（蔡春凤，周宗奎，2006）。因此，教育者对初中生进行教育时应充分考虑师生关系和同伴关系产生的广泛而深刻的影响。

第二节　农村初中生学业情绪与学习质量的关系

情绪对认知活动具有组织作用，中等强度的愉快情绪下认知操作达到最优水平，过低或过高的愉快唤醒均不利于认知操作。在青少年的学校生活中，学业情绪是一种重要的情绪表达。青少年的学业情绪及其作用也是研究者关注的重要话题。不过，从研究对象上来说，许多研究以大学生、中学生作为被试，以农村中学生为被试的研究很少。结合课题研究的需要，以农村初中生为对象，考察学业情绪对学习成绩的影响是有必要的。

一、学业情绪概述

1998年，美国教育研究联合会召开了主题为"情绪在学生学习与成就中的作用"的学术年会。围绕这一主题，大会组织了五个讨论会，这些讨论极大地激发了与会者对教育中的情绪问题的研究兴趣。从此，西方众多的研究者和教育实践者开始对学生的学业情绪问题给予重视，并开展了一系列研究工作。佩克伦（R. Pekrun）等人明确提出了学业情绪（academic emotions）的概念，它是指在教学或学习过程中，与学生学业相关的各种情绪体验，包括高兴、厌倦、失望、焦虑、气愤等（Pekrun, Goetz, Titz, et al., 2002）。国内学者俞国良、董妍对学业情绪的范围做了进一步的界定，认为学业情绪不仅指学生在获悉学业成功或失败后所体验的各种情绪，同样也包括学生在课堂中、在日常做作业过程中以及在考试期间的情绪体验等，包括自豪、高兴、心烦、沮丧等 13 种情绪（俞国良，董妍，2005）。学业情绪有三个特征：多样性、情境性、动态性（Efklides，Volet，2005）。

在测量学生的学业情绪方面，佩克伦等人编制的"学业情绪问卷"应用最为广泛。该问卷包括高兴（enjoyment）、希望（hope）、自豪（pride）等积极高唤醒情绪因子，放松（relief）等积极低唤醒情绪因子，愤怒（anger）、焦虑（anxiety）、羞愧（shame）等消极高唤醒情绪因子，失望和厌倦（hopelessness and boredom）等消极低唤醒情绪因子。根据学业情绪的情境性特征，佩克伦等人还分别编制了与课堂、学习、考试相关的三个学业情绪问卷（Pekrun，Goetz，Titz，et al.，2002）。国内研究者董妍和俞国良编制了"青少年学业情绪问卷"，问卷包含积极高唤醒学业情绪、积极低唤醒学业情绪、消极高唤醒学业情绪和消极低唤醒学业情绪四个分问卷（董妍，俞国良，2007）。

总体而言，相比于西方国家对学业情绪的研究程度，目前我国的相关研究才刚起步。在一些教学活动中，部分教师甚至可能在无形之中挫伤了学生主动学习的积极性，阻碍了学生进一步学习的兴趣和动机。这些现象都与忽视学生的学业情绪有关。鉴于学业情绪在学生发展中的重要作用，以及我国学校普遍忽视学生学业情绪的现状，深入探讨学业情绪对学生学习质量的影响，可以为我国积极开展学业情绪的理论研究与实践工作提供依据和借鉴，以更好地促进学生全面健康发展。

二、研究对象与研究工具

（一）研究对象

调查对象同本章第一节。

（二）研究工具

1. 青少年学业情绪问卷

本研究采用由俞国良、董妍等 2007 年编制的"青少年学业情绪问卷"。问卷将学业情绪按愉悦度（积极和消极）与唤醒度（高唤醒和低唤醒）分为积极高唤醒学业情绪、积极低唤醒学业情绪、消极高唤醒学业情绪、消极低唤醒学业情绪四类，从而形成四个分问卷，共计72个项目。问卷采用5点计分，从"完全不符合"到"完全符合"依次计为1—5分。本次测得青少年学业情绪问卷的内部一致性系数为0.86，分半系数为0.77。

2. **学习质量自评问卷（初中版）**

本部分在本章第一节已有介绍，此处不再重复。

三、城乡初中生学业情绪的比较分析

为了考察农村学生学业情绪，研究先对城乡初中生学业情绪进行了比较（图5-2），然后进行统计分析，结果如表5-6所示。

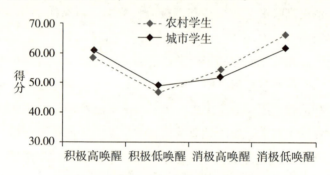

图5-2 城乡初中生的四种学业情绪图

表5-6 城乡初中生学业情绪的差异分析结果（$M \pm SD$）

	积极高唤醒	积极低唤醒	消极高唤醒	消极低唤醒
农村	58.30±11.91	46.88±10.85	54.32±13.43	66.12±20.74
城市	60.63±11.65	48.72±11.03	51.81±14.49	61.58±22.37
t	−3.485**	−2.953**	3.145**	3.713**

由表5-6可知，在积极高唤醒和积极低唤醒上，城市初中生的得分显著高于农村初中生（$p<0.01$）；在消极高唤醒和消极低唤醒上，城市初中生得分显著低于农村初中生（$p<0.01$）。这些结果表明，城市初中生学业情绪现状要显著好于农村初中生。

四、农村初中生学业情绪的性别、年级差异

对不同性别和不同年级的学生在学业情绪的四个维度上的得分做多因素方差分析，结果显示：在积极高唤醒和消极低唤醒学业情绪上，女生得分显著高于男生；在积极低唤醒和消极高唤醒学业情绪上，男生与女生没有显著性差异；在消极高唤醒、消极低唤醒学业情绪上，三个年级存在显著差异，九年级学生得分显著高于七年级、八年级学生（表5-7）。

表5-7 农村初中生学业情绪的性别、年级差异（$M \pm SD$）

		积极高唤醒	积极低唤醒	消极高唤醒	消极低唤醒
性别	男生	56.75±0.76	46.20±0.70	54.57±0.86	62.51±1.28
	女生	61.02±0.84	47.22±0.78	55.54±0.95	64.89±1.47
	F	14.28**	0.95	0.57	5.07*
年级	七年级	58.04±0.73	47.41±0.68	52.78±0.83	27.06±0.42
	八年级	59.48±0.87	47.61±0.80	55.60±0.98	67.35±1.51
	九年级	59.14±1.26	45.11±1.17	56.79±1.43	71.46±2.20
	F	0.87	1.78	4.05**	7.15**
交互作用	$F_{年级*性别}$	0.04	1.54	3.05*	1.44

在消极高唤醒学业情绪上，年级与性别的交互作用显著。进一步简单效应分析发现，七、九年级女生的消极高唤醒学业情绪显著高于男生；八年级男生的消极高唤醒学业情绪显著高于女生（图5-3）。

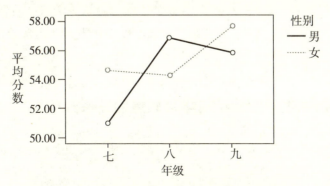

图5-3 不同年级与性别消极高唤醒学业情绪得分图

本研究结果表明，在积极高唤醒、消极低唤醒学业情绪上，女生得分显著高于男生；在积极低唤醒和消极高唤醒学业情绪上，男生与女生没有显著性差异。女生在积极高唤醒学业情绪上得分高，可能是由于女生的心理和生理都比男生成熟得早，加之受到我国传统社会文化和教育因素对性别角色不同期待的影响，女生一般比男生稳重、听话，反映在学习上，女生的学习态度更认真，更容易受权威人物的影响，学校和家庭教育的对她们更易见效（李炳煌，2012）。但在消极低唤醒学业情绪上，女生得分高于男生，这值得进一步探讨。有研究发现性别对倦怠的影响显著，女性耗竭程度更高（González-Morales，Rodríguez，Peiró，2010）。有调查发现男女生出现过倦怠的人数比例为 27.9：72.1，女生容易出现情感耗竭（Slivar，2001）。此外，刘蓉的研究发现学业压力越大，学生越容易采用消极的应对方式，导致学习倦怠程度更严重；学习压力越小，学生越容易采取积极应对方式，学习倦怠水平越低（刘蓉，2010）。这很好地解释了女生消极低唤醒学业情绪高于男生的原因。相对城市而言，农村经济水平落后，父母对子女寄予了更大的期望，然而农村重男轻女的思想依然根深蒂固，女生普遍认为只有更努力地学习才能回报父母的付出，才能不让老师失望，因而承受着巨大的学习压力，长此以往会产生厌烦心理，出现情感耗竭。另一方面，在付出与所取得成绩不能成正比的情况下，女生更易产生沮丧、无助的情绪，这些都助长了女生的消极低唤醒学业情绪。

本研究还发现，在消极高唤醒、消极低唤醒学业情绪上，三个年级存在显著差异，九年级学生得分均显著高于七、八年级学生。这可能是因为，七年级学生刚进入新的学习环境，他们充满了新奇和期待，因而有较强的学习动机和较好的学习情绪；八年级学生对环境的新奇感消失，且学业负担加重，其学习动机有所下降；九年级学生面临升学压力，加之自身开始成熟且处在心理叛逆期，因而学业情绪较为消极。

五、初中生学业情绪与学习质量的关系分析

农村初中生学业情绪与学习质量的相关分析结果如表 5-8 所示。

表 5-8　农村初中生学业情绪与学习质量的相关分析（r）

	积极高唤醒	积极低唤醒	消极高唤醒	消极低唤醒
智育	0.36**	0.38**	-0.12**	-0.30**
体育	0.36**	0.38**	0.06	-0.09*
德育	0.44**	0.40**	-0.14**	-0.13**
学习质量总分	0.46**	0.47**	0.01	-0.23**

由表 5-8 可以看出，农村初中生学习质量与积极高唤醒、积极低唤醒学业情绪存在显著的正相关，与消极低唤醒学业情绪存在显著的负相关，与消极高唤醒学业情绪的相关不显著。为进一步考察学业情绪能否预测学习质量，以学习质量总分为因变量，以学业情绪各维度为自变量，用逐步回归法进行回归分析，结果如表 5-9 所示。

表 5-9　农村初中生学业情绪对学习质量影响的回归分析

因变量	自变量	R	R^2	ΔR^2	$R^2_{改变量}$	B	β	t
学习质量	积极低唤醒	0.560	0.314	0.310	0.222	0.920	0.234	4.689**
	消极低唤醒				0.040	-0.502	-0.244	-6.701**
	积极高唤醒				0.053	1.155	0.322	6.440**

根据表 5-9 的结果，积极低唤醒、消极低唤醒、积极高唤醒对学习质量具有显著的预测作用，多元相关系数为 0.560，联合解释变异量为 0.314。就个别变量的解释量来看，积极低唤醒的预测力最佳，其解释量为 22.20%。

关于学业情绪与学业成就的关系，佩克伦等人提出了"认知—动机模型"（Cognitive-motivational Mode），该模型指出，学业情绪能影响学业成就，学业成就又能反过来作用于学业情绪（Pekrun，Goetz，Titz，et al.，2002）。本研究结果显示，学习质量总分及其各维度得分与积极高唤醒、积极低唤醒学业情绪呈显著正相关，与消极低唤醒学业情绪呈显著负相关。董妍和俞国良的调查研究发现，积极高唤醒情绪需要通过掌握接近目标、掌握回避目标、成绩接近目标、学业效能和学习策略间接影响学业成就，而其他情绪对学业成就有显著的直接影响；学业情绪还会影响目标设定、自我效能、学习策略对成就目标的影响（董妍，俞国良，2010）。有研究者探讨了无聊、焦虑和愉悦三种学业情绪与学业控制感对学业成绩的影响，结果表明无聊、焦虑可以负向预测学业成绩，无聊和焦虑水平较高的学生的考试成绩较低（Ruthing，Perry，Hladkyj，et al.，2008）。在学业成绩对学业情绪的影响过程中，学业自我概念起着重要的中介作用，随着年龄的增加，学生的学业自我概念会变得更加清晰明确，这就可能使得学业情绪的领域特定性随着年龄的增长而更加明显（Goetz，Frenzel，Hall，et al.，2008）。我国研究者任秀华和陆桂芝的研究发现，不同的学业情绪状态对青少年心理健康发展有着不同的影响。积极的学业情绪体验会带给学生自信，增强自我效能感，对青少年的心理健康发展有积极的推动作用；消极的学业情绪体验不利于青少年自信人格的培养和健康心理的发展（任秀华，陆桂芝，2009）。

初中生的学业情绪状况可以作为学习质量的预测变量，对学习质量有影响。但是，将学业情绪的四个维度作为自变量，以学习质量为因变量做逐步回归分析，进入回归方程的只有积极低唤醒、积极高唤醒、消极低唤醒。这说明对于初中生的学业成绩有显著影响的是这三个方面。而在这三个因素中，积极低唤醒对于学习质量的影响最大。相对而言，农村初中生在整个初中生群体中处于弱势地位，国家虽对其有一定的政策倾斜，但对其学业情绪的关心少之又少，然而学业情绪会直接影响学习成绩，甚至会影响初中生心理的健康发展。因此，如何合理引导农村初中生形成积极的学业情绪应该成为今后情绪研究的重点课题。

第三节　农村中小学生学习态度与学习质量的关系

一、学习态度概述

学习态度是指学习者对学习的较为持久的肯定或否定的内在反应倾向，是学习者在学习活动中通过获得一定经验而习得的，是可以改变的。学习态度有积极和消极之分，积极的学习态度表现为上课精力集中、认真听讲，课后按时完成作业、力求正确无误，勤学好问、积极进取；消极的学习态度表现为上课不认真、不愿学习，作业马马虎虎，借故请假、旷课甚至逃学等。在影响学生学习的各大要素中，学习态度是关键要素之一，积极良好的学习态度是学生学习的动力源泉（邱相彬，童玲，2011）。

目前关于学习态度与学习质量的关系研究已取得一定的成果，但这些研究大多关注的是大学生群体，较少研究农村中小学生群体，且研究中仅仅探讨了学习态度与学习质量之间的关系，对其他影响因素的探讨甚少。因此，本研究将调查农村中小学生学习态度的现状，并进一步探讨和分析其对学习质量的影响。

二、研究对象与研究工具

（一）研究对象

本研究选取了湖南省某县 2 所农村中学初一至初三的所有学生作为研究对象，由研究者担任主试，对被试进行团体施测，被试答题前进行统一指导。被试现场作答，问卷现场回收。共发放问卷 880 份，剔除不完整的数据后，有效问卷 794 份。其中男生 413 名，女生 381 名；初一年级 260 人，初二年级 260 人，初三年级 274 人。

采取整班抽样的方法，调查了湖南省某县 2 所农村小学四至六年级的学生，共发放问卷 630 份，剔除不完整的数据后，得到有效问卷 583 份。其中男生 318 名，女生 265 名；四年级学生 194 名，五年级学生 202 名，六年级学生 187 名。

（二）研究工具

1. 中小学生学习态度自陈量表

中小学生学习态度自陈量表由陶德清编制，该量表共包含 50 个项目（陶德清，1998）。中小学生学习态度自陈量表从情感体验、行为倾向、认知水平三个维度将学习态度分为十个方面：对学习目的及意义的认识（以下简称目的认识）、学习中的情感体验（以下简称情感体验）、求知欲表现（以下简称求知欲）、学习主动性表现（以下简称主动性）、学习计划性表现（以下简称计划性）、对学习成绩的认识（以下简称成绩认识）、复习考试中的行为表现（以下简称备考表现）、学习中排除困难的行为表现（以下简称排难表现）、学习中抗拒干扰的行为表现（以下简称抗扰表现）、学习方法的掌握（以下简称方法掌握）。该量表采用 5 点计分（-2—+2），分顺向题

（共31个）和逆向题（共19个）。经检验，本次测试总体内部一致性系数为0.90，分半信度系数为0.86。

2. 学习质量自评问卷（小学高年级版）

由课题组自编问卷，共71个项目，分三个维度，其中智育领域32个项目，德育领域19个项目，体育领域20个项目（李三福，陈秋永，周毅，2012）。本问卷采用4点计分，总分越高说明学习质量越好。本次测试各维度一致性系数分别为0.92、0.88、0.91，分半信度系数分别为0.85、0.80、0.84，总体内部一致性系数与分半信度系数分别为0.95、0.84。

3. 学习质量自评问卷（初中版）

本部分在本章第一节已有介绍，此处不再重复。

三、农村中小学生学习态度的性别、年级差异

（一）不同性别、不同年级农村小学生的学习态度比较

对不同性别农村小学生学习态度的比较发现（表5-10），除求知欲外，男生学习态度（总）及其他方面的得分都显著低于女生，其中，目的认识、成绩认识男女差异显著（$p < 0.05$），其他方面男女差异极其显著（$p < 0.01$）。造成这一结果的可能原因是女生的心理和生理都比男生成熟得早，又受到我国传统的社会文化和教育因素对性别角色不同期待的影响，女生一般比男生更稳重、听话，反映在学习上，女生的学习态度较认真，易受权威人士的影响，学校和家庭教育的作用对她们更易见效（辛向，2001；李炳煌，2005）。

通过对不同年级农村小学生学习态度进行比较，发现除情感体验及抗扰表现外，不同年级农村小学生在学习态度各维度上均具有显著或极其显著的差异。进一步多重比较显示：在学习态度（总）、求知欲、计划性、成绩认识和备考表现方面，六年级学生得分高于四年级和五年级学生；在目的认识、主动性和方法掌握方面，六年级学生的得分显著高于五年级学生和四年级学生的得分，且五年级学生的得分显著高于四年级学生的得分；在排难表现上，六年级学生的得分显著高于四年级学生的得分。造成这一结果的原因可能是六年级的学生相对于四年级和五年级的学生在生理上和心理上更成

熟，对学业有了正确的理解，有利于其形成比较好的学习态度，认知领域的发展成熟也有利于学习质量的提高；另外，六年级的学生面临升学的压力，更渴望取得学习方面的成功，这促使他们有更端正的学习态度。

表 5-10　不同性别、不同年级农村小学生学习态度的比较结果（$M \pm SD$）

	男生	女生	t	四年级①	五年级②	六年级③	F	两两比较
学习态度	42.74±25.03	50.99±24.79	-3.82**	40.24±24.65	44.00±24.22	55.10±24.66	17.41**	③>①；③>②
目的认识	6.21±3.41	6.86±3.20	-2.35*	5.61±3.35	6.28±3.41	7.68±2.86	20.30**	③>②>①
情感体验	6.25±3.40	6.95±3.10	-2.60**	6.32±3.42	6.62±3.17	6.77±3.26	0.96	/
求知欲	3.47±3.94	3.61±3.63	-0.44	2.78±3.71	3.48±3.80	4.39±3.74	8.77**	③>①；③>②
主动性	3.85±3.70	4.98±3.57	-3.73**	3.39±3.84	4.42±3.64	5.30±3.31	13.20**	③>②>①
计划性	2.42±4.73	3.72±4.42	-3.37**	1.93±4.79	2.63±4.40	4.55±4.31	16.87**	③>①；③>②
成绩认识	2.39±3.73	3.13±3.94	-2.30*	2.31±3.70	1.77±3.75	4.17±3.68	21.80**	③>①；③>②
备考表现	4.34±3.73	5.35±3.52	-3.33**	4.29±3.55	4.45±3.75	5.67±3.56	8.14**	③>①；③>②
排难表现	5.72±3.24	6.53±3.10	-3.04**	5.62±3.20	6.13±3.20	6.51±3.15	3.66*	③>①
抗扰表现	4.45±3.38	5.59±3.15	-4.16**	4.92±3.46	4.79±3.24	5.22±3.27	0.85	/
方法掌握	3.43±3.74	4.43±3.51	-3.30**	2.97±3.92	3.92±3.41	4.79±3.46	12.01**	③>②>①

（二）不同性别、不同年级农村初中生的学习态度比较

不同性别、年级农村初中生学习态度比较结果如表 5-11 所示。

表 5-11　不同性别、不同年级农村初中生学习态度的比较结果（*M*±*SD*）

	男生	女生	*t*	初一①	初二②	初三③	*F*	两两比较
学习态度	177.6± 29.52	187.42± 27.26	-4.86**	199.27± 24.85	178.96± 27.62	169.41± 25.66	90.73**	①>②>③
目的认识	19.85± 3.81	21.59± 3.50	-6.66**	22.17± 3.09	20.75± 3.81	19.21± 3.74	46.21**	①>②>③
情感体验	18.53± 4.24	19.59± 3.98	-3.61**	20.66± 3.47	18.78± 4.23	17.75± 4.16	36.56**	①>②>③
求知欲	17.23± 4.40	17.30± 3.92	-0.22	18.65± 4.01	17.12± 4.30	16.09± 3.83	26.90**	①>②>③
主动性	17.26± 3.82	18.30± 3.65	-3.93**	19.87± 3.50	17.21± 3.24	16.29± 3.61	76.36**	①>②>③
计划性	16.06± 4.39	17.16± 4.25	-3.57**	18.61± 4.11	15.82± 4.11	15.40± 4.13	47.34**	①>②; ①>③
成绩认识	17.67± 3.64	18.61± 3.58	-3.68**	19.33± 3.33	17.89± 3.61	17.20± 3.65	24.92**	①>②>③
备考表现	18.38± 3.98	19.35± 3.38	-3.70**	20.63± 3.17	18.41± 3.82	17.57± 3.49	54.10**	①>②>③
排难表现	18.33± 4.10	18.88± 3.87	-1.92	20.82± 3.44	18.27± 3.69	16.80± 3.77	82.72**	①>②>③
抗扰表现	16.71± 3.97	17.91± 3.91	-4.30**	19.15± 3.75	16.95± 3.76	15.85± 3.74	53.04**	①>②>③
方法掌握	17.56± 3.85	18.73± 3.41	-4.51**	19.39± 3.77	17.77± 3.50	17.24± 3.47	25.74**	①>②; ①>③

表 5-11 显示，除求知欲表现、排难表现外，女生在学习态度总分及其各维度上的得分显著高于男生。这一结果与农村小学生非常相似，可能是由于女生在生理和心理上要比男生更成熟，使得女生更稳重、懂事，在学习态度上常表现出更端正和更积极的特点。

此外，不同年级农村初中生学习态度及其各维度得分均存在极其显著的差异。总体来看，初一年级学生的学习态度及其各维度的得分最高，初二年级次之，初三年级最低。学习态度的年级差异与小学生的情况完全相反，这与初中生的身心发展特点有关。初中生随着年龄的增长，学生的自主性越来越大，受教师或家庭等权威的影响越来越小，表现出更大的自觉性。

四、农村中小学生学习态度与学习质量的关系分析

（一）农村小学生学习态度与学习质量的相关分析

对农村小学生学习态度与学习质量的相关分析结果如表 5-12 所示。

表 5-12　农村小学生学习态度与学习质量的相关分析（r）

	目的认识	情感体验	求知欲	主动性	计划性	成绩认识	备考表现	排难表现	抗扰表现	方法掌握	学习态度
智育	0.28**	0.13*	0.46**	0.45**	0.47**	0.26**	0.36**	0.36**	0.25**	0.44**	0.49**
德育	0.38**	0.25*	0.47**	0.47**	0.51**	0.32**	0.42**	0.42**	0.32**	0.47**	0.58**
体育	0.10*	0.08	0.32**	0.30**	0.35**	0.19**	0.24**	0.26**	0.16**	0.29**	0.34**
学习质量总分	0.29**	0.17*	0.49**	0.47**	0.51**	0.30**	0.38**	0.40**	0.28**	0.46**	0.54**

从表 5-12 可以看出，除情感体验与学习质量（体育领域）相关不显著外（$p>0.05$），学习态度各方面及总分与学习质量各维度及总分呈显著正相关。这说明农村小学生的学习态度与其学习质量之间有一定的内在联系。因此，在教学过程中，教师在关注学生知识学习的同时，还要重视对学生良好学习态度的引导。

为进一步考察农村小学生的学业态度是否能预测学习质量，以学习质量总分为因变量，以学业态度各维度作为自变量，进行逐步回归分析，所得预测指数如表 5-13 所示。结果发现，计划性、求知欲、主动性对学习质量具有显著的预测作用，多元相关系数为 0.567，联合解释变异量为 0.321。这表明农村小学生在学习中表现得更有计划、有更大的求知欲和更主动，能对其学习质量带来积极的影响。

表 5-13　农村小学生学习态度对学习质量的回归分析

因变量	自变量	R	R^2	ΔR^2	$R^2_{改变量}$	B	β	t
学习质量	计划性	0.567	0.321	0.317	0.255	1.244	0.291	6.155**
	求知欲				0.054	1.186	0.226	4.982**
	主动性				0.012	0.800	0.150	3.113**

（二）农村初中生学习态度与学习质量的相关分析

农村初中生学习态度与学习质量之间的相关分析结果如表 5-14 所示。

表5-14　农村初中生学习态度与学习质量的相关分析（r）

	目的认识	情感体验	求知欲	主动性	计划性	成绩认识	备考表现	排难表现	抗扰表现	方法掌握	学习态度
智育	0.41**	0.31**	0.44*	0.49*	0.50*	0.26*	0.45*	0.44*	0.42*	0.46**	0.57**
德育	0.32**	0.27**	0.39*	0.41*	0.44*	0.25*	0.39*	0.43*	0.35*	0.43**	0.50**
体育	0.43**	0.35**	0.42*	0.43*	0.44*	0.27*	0.46*	0.46*	0.41*	0.46**	0.56**
学习质量总分	0.45**	0.36**	0.50*	0.53*	0.55*	0.31*	0.51*	0.52*	0.46*	0.53**	0.64**

结果发现，学习态度及其各维度均与学习质量及其各维度存在显著的正相关，这说明农村初中生学习态度与学习质量之间存在一定的内在联系，较好的学习态度对学习质量有积极的影响。

为进一步揭示学习态度与学习质量的关系，用多元回归分析法进一步分析，结果如表 5-15 所示。由回归分析可知，学习态度中的计划性、排难表现和方法掌握三个维度能较好地正向预测农村初中生的学习质量，多元相关系数为 0.635，联合解释变异量为 0.321。国内有关学习态度与学习成绩的关系研究表明，具有积极学习态度的学生倾向于有优良的学业成绩（王春艳，2003；沈德立，李洪玉，庄素芳，等，2004）。其他相关研究也发现，在学习中能有效计划学习时间、善于掌握学习方法、勇于克服学习困难等具有良好学习品质的学生，都倾向于有优异的学习表现或成绩（岳儒芳，2003；刘在花，2007）。因此，培养农村中小学生良好的学习态度，对提高其学习质量有着积极的作用。

表5-15　农村初中生学习态度对学习质量的回归分析

因变量	自变量	R	R^2	ΔR^2	$R^2_{改变量}$	B	β	t
学习质量	计划性	0.635	0.404	0.401	0.302	2.450	0.284	7.934**
	排难表现				0.072	2.305	0.246	7.123**
	方法掌握				0.030	2.303	0.227	6.290**

　　学习态度与学习质量的内在联系提示教育者，在教学过程中应有意识地培养学生良好的学习态度。首先，应使学生认识到学习态度对学习的重要影响，意识到学习态度的重要性。其次，在教学过程中引导学生形成良好的学习态度。再次，引导学生进行积极乐观的归因，将学习质量归因于自身可控制的因素，如个人的努力、态度等。

第四节　农村中小学生学习动机与学习质量的关系

一、学习动机概述

　　学习动机是学生学习的内部驱动力，反映着他们的需要、追求和目标，对学习质量有着至关重要的作用。学习动机在教育心理学领域一直备受重视，有关学习动机与学习成绩之间关系的研究国内外都不少。国外研究表明，学生的学习动机越强，学习效率越高，成绩也越优秀（Schunk，1990）。国内相关研究也发现，高动机者比低动机者倾向于有更好的成就作为（王振宇，刘萍，2000）。虽然学习动机与学习成绩存在必然的联系，但并不意味着动机越强烈，学习成绩越好。根据耶克斯-多德森定律，各种活动都存在一个最佳动机水平。动机水平和学习成绩呈"倒U形曲线"，当动机水平过高或过低时，学习效果均较差，只有当动机水平处于中等时，才有较好的学习效果（王爱平，车宏生，2005）。学习质量作为学习效果的一个主要衡量指标，它是如何受到学习动机影响的呢？考察农村中小学生学习动机与学习质量的关系，不仅有助于提高学生的学习质量，还能给农村中小学教育教学提供现实指导。

二、研究对象与研究工具

（一）研究对象

本部分研究对象同本章第三节研究对象，此处不再重复介绍。

（二）研究工具

1. 学习动机量表

学习动机量表由台湾学者余安邦编制的"个人取向成就动机量表（内部动机）"和"社会取向成就动机量表（外部动机）"混合而成，共13个项目，其中内部动机6个项目，外部动机7个项目（荣巨兵，2006）。该量表采用5点计分，总分越高，表明动机越强。本次测试总体内部一致性系数为0.62，分半信度系数为0.66。

2. 学习质量自评问卷（小学高年级版）

本章第三节已做过介绍，此处不再重复。

3. 学习质量自评问卷（初中版）

本章第一节中已做过介绍，此处不再重复。

三、农村中小学生学习动机的性别、年级差异

（一）不同性别、不同年级农村小学生学习动机的比较

对不同性别农村小学生学习动机的比较发现，男生内部动机得分显著低于女生（表5-16）。从发展心理学的角度可知，男女生在心理、生理发展水平上的不一致，以及一些社会文化、教育因素的影响，造成了学生学习动机在某一阶段表现出性别差异。一般而言，小学阶段女生比男生更听话，比男生更遵守师长的教导，也比男生具有更高的学习成就动机水平。

通过对不同年级农村小学生学习动机的比较发现，学习动机（总）、内部动机具有显著的年级差异（$p<0.01$）。进一步多重比较显示，六年级学生学习动机（总）高于四年级和五年级学生，六年级学生内部动机高于五年级学生，五年级学生内部动机又高于四年级学生（表5-16）。林崇德的研究表明，儿童随着年级的增长，对于分数的态度也在发生改变，逐渐赋予分数更多、更重要的意义（林崇德，2009）[37]。低年级儿童取得好成绩的动机是被动的，而从中年级起，儿童开始了解学习是一种社会义务，把优良的分数看作高质量地完成这一社会义务的客观表现，相应地，他们表现出来的学习动机也更强。

表5-16 不同性别、不同年级农村小学生学习动机的比较结果 (*M±SD*)

	男生	女生	*t*	四年级①	五年级②	六年级③	*F*	两两比较
学习动机总分	45.86±6.75	46.63±6.49	−1.36	45.50±7.67	45.64±6.13	47.46±5.90	5.11**	③>①；③>②
内部动机	24.7±4.23	25.89±3.98	−3.42**	24.23±4.54	25.15±3.94	26.34±3.70	12.59**	③>②>①
外部动机	21.14±4.56	20.56±4.43	1.52	21.14±5.22	20.41±4.24	21.11±3.98	1.62	/

（二）不同性别、不同年级农村初中生学习动机的比较

对不同性别、不同年级农村初中生的学习动机进行比较，结果如表5-17所示。

表5-17 不同性别、不同年级农村初中生学习动机的比较结果 (*M±SD*)

	男生	女生	*t*	初一①	初二②	初三③	*F*	两两比较
学习动机总分	43.54±6.78	44.64±5.90	−2.44*	47.03±5.71	43.77±6.09	41.53±6.13	56.87**	①>②>③
内部动机	22.34±4.94	23.87±4.34	−4.63**	25.45±4.22	22.55±4.42	21.32±4.54	61.52**	①>②>③
外部动机	21.20±4.24	20.77±3.74	1.51	21.59±3.99	21.22±3.77	20.22±4.15	8.60**	①>③；②>③

表5-17显示，农村中学生学习动机（总分）、内部动机存在极其显著的性别差异，女生的学习动机总分、内部动机得分显著高于男生。农村中学生学习动机的性别差异与小学生的性别差异是相似的，差异的来源基本上都是生理和心理上的差异，以及社会文化和教育因素等造成的影响。

农村初中生的学习动机及其各维度均存在极其显著的年级差异，初一年级学生的学习动机及其各维度的得分最高，初二年级次之，初三年级最低。随着学习环境的变化，初中学生与教师的频繁接触逐渐被同伴或朋友所取代，追求伙伴赞许也逐渐取代了教师赞许。同时，由于逆反心理的出现，初中生已不再轻信权威的力量，开始怀疑、抵制师长的要求。高年级的初中生自我评价能力相对提高，他们不再将学习成绩作为衡量自己的唯一指标，学习的动力也有可能逐渐下降。

四、农村中小学生学习动机与学习质量的关系分析

（一）农村小学生学习动机与学习质量的相关分析

对农村小学生学习动机与学习质量的相关进行分析，结果如表5-18所示。

表5-18　农村小学生学习动机与学习质量的相关分析（r）

	内部动机	外部动机	学习动机总分
智育	0.42**	0.10*	0.34**
德育	0.50**	0.05	0.36**
体育	0.34**	0.16**	0.32**
学习质量总分	0.48**	0.13**	0.39**

相关分析表明，除外部动机与德育领域相关不显著外，学习动机总分及其各维度与学习质量总分及其各维度均呈显著或极其显著正相关，这说明农村小学生的学习动机与其学习质量有一定的内在联系。因此，在教学过程中，教师在关注学生知识学习的同时，还要重视对学生学习动机的激发。研究还发现，农村小学生内部动机与学习质量的关系比外部动机与学习质量的关系更紧密，这与王振宇等人的研究结论一致（王振宇，刘萍，2000；张宏如，沈烈敏，2005）。这表明，在促进学生学习质量提高方面，内部动机的作用大于外部动机。因此，教师在教学过程中，在兼顾外部动机的同时，要着重激发学生的内部动机。

为进一步揭示农村小学生学习动机与学习质量的关系，本研究进一步进行了多元回归分析，结果如表5-19所示。

表5-19　农村小学生学习动机与学习质量的回归分析

因变量	自变量	R	R^2	ΔR^2	$R^2_{改变量}$	B	β	t
学习质量	内部动机	0.487	0.237	0.236	0.237	2.376	0.487	13.056**

从表5-19可见，农村小学生的内部动机对其学习质量有直接的预测作用，多元相关系数为0.487，解释变异量为0.237。这表明内部动机是唯一能够稳定预测学习质量的动机因素，外部动机可能会随着外部因素的不稳定

性而对学习动机产生不同的影响。由此可见，布鲁纳曾认为的学习的最好动机，乃是对学习材料本身发生兴趣，不宜过分重视奖励、竞争之类的外在刺激，这一看法是恰当的。

（二）农村初中生学习动机与学习质量的相关分析

对农村初中生学习动机与学习质量的相关进行分析，结果如表5-20所示。

表5-20　农村初中生学习动机与学习质量的相关分析（r）

	内部动机	外部动机	学习动机总分
智育	0.51**	0.18**	0.48**
德育	0.44**	0.16**	0.43**
体育	0.52**	0.08*	0.44**
学习质量总分	0.58**	0.18**	0.54**

由表5-20可知，农村中学生的学习动机及其各维度均与学习质量及其各维度存在显著或极其显著的正相关，这说明学习动机与学习质量存在关联，具有积极学习动机的学生倾向于具有良好的学习效果或成绩。

为进一步揭示学习态度与学习质量的关系，采用多元回归分析法进一步分析，结果如表5-21所示。学习动机中的内部动机和外部动机都能较好地正向预测初中生的学习质量。可见，农村初中生的学习动机与其学习质量有着密切的关系，这与已有的研究相一致。同时，这也提示教育工作者在提高农村初中生学习质量的过程中，要将内部动机和外部动机结合起来。

表5-21　农村初中生学习动机与学习质量的回归分析

因变量	自变量	R	R^2	ΔR^2	$R^2_{改变量}$	B	β	t
学习质量	内部动机	0.594	0.352	0.351	0.333	4.511	0.568	19.822**
	外部动机				0.019	1.297	0.139	4.843**

总之，在教育心理学领域，学习动机一直受到人们的重视，有关学习动机与学习成绩之间的相互关系国内外有不少研究。国外的研究表明，学生的学习动机愈强，学习效率愈高，成绩愈好，二者的相关达到0.40（Schunk，1990），但这一结论是在解决字谜任务实验情景下得到的，而字谜任务与课堂情景有一定距离，因而学习动机对学生的学习质量的影响是否有一致的结

果，还有待检验。国内的研究也发现，学习动机与学业成就之间存在一定的正相关（张宏如，沈烈敏，2005）。另有研究表明，学习动机是影响学习质量的首要因素（王爱平，车宏生，2005）。有研究发现，良好的内部动机会促进学生学业成绩的提高，外部动机与学业成绩没有直接关系（王炳成，2011）。学习动机与学习质量的内在联系也提示教育者，在教学过程中应有意识地激发学生的学习动机。首先应使学生认识到学习动机对学习的重要影响，意识到学习动机特别是内部动机的重要性。其次，应该引导学生进行积极归因，将学习质量归因于自身可控的因素，如个人的努力、态度等。

第六章　中小学教师胜任特质与
学生学习质量的关系探索

第一节　中小学教师胜任特质与学生学习
质量的关系——以实证调查为依据

教育质量的提高，关键在于教师队伍建设和教师素质提升。在教学质量这个范畴中，教师教的质量的确起着至关重要的作用，将教师教的质量称为教学质量的核心内容也并不为过。但是，学生作为教学活动的主体之一，其学习质量对于教学质量总体来说应比教师教的质量更为重要（杨忠辉，2002）。不过，教师教的质量和学生学的质量从来都不是两个分割的方面，而是教学质量的"一体两面"。从理论上讲，教学质量的检验标准是学生的学习质量。教育工作的根本出发点是促进学生身心素质的全面发展，教师的教也应该围绕这一出发点而展开。因此，教师的教直接关乎学生的学习及其身心发展。从实践来看，教师的教不仅限于课堂教学这种直接的教，还包括教师平时的言行举止、言传身教。中小学生的心智尚未定型，正处于发展的关键阶段，教师的一言一行对他们的发展影响较大，其中包括对学生学习动机、学习兴趣等的影响。

教师的教是一种实际行动或表现，这种行动或表现是教师内心世界的外在体现，与其素质密切相关。从这个角度推断，教师的胜任特质与学生的学习质量关系密切。美国当代名师——克拉克（R. Clark）曾说，"我跑遍了全国各地，访问过的学校有大有小，到过富裕的地区，也到过穷地方，见过有庞大图书馆的学校，也见过没有图书馆的学校。看了这么多，我感到我找到了美国教育成功的关键。它跟《不让一个孩子掉队》没有任何关系，跟大图书馆和大学校没有任何关系，跟钱、教材、设备也没有关系。它只跟教师有关系"（李茂，2007）[45]。这种说法，尽管可能有些夸大，但是从另一角度表明了教师对学生、对教育不可或缺的贡献。不过，从相关文献来看，鲜有研究提供两者关系的实证数据。基于此，本研究主要以实证调查为依据，以班级为单位，通过调查教师的胜任特质和学生的学习质量，获取相关的调查数据，探讨两者的关系。

一、研究方法

（一）研究对象

课题组对湖南省两个地级市20所学校（城区学校6所，县城学校7所，乡镇学校7所；小学10所，初中10所）发放1071份教师调查问卷，收回问卷991份，有效问卷956份，有效率为96.4%，其中男教师283人，女教师649人，缺失值为24；小学教师443人，初中教师513人。课题组还对湖南省两个地级市19所学校（城区学校6所，县城学校6所，乡镇学校7所；小学9所，初中10所）4900名中小学生进行了调查，获得有效班72个。

（二）研究工具

1. 教师胜任力测验

选用徐建平编制的"教师胜任力测验"，测验介绍详见第二章第一节。本测验的总体内部一致性系数为0.91。

2. 学习质量自评问卷（小学高年级版）

采用李三福等编制的"中小学生学习质量自评问卷（小学高年级版）"（李三福，陈秋永，周毅，2012），详细介绍见第五章第一节。本问卷的总体内部一致性系数为0.95。

3. 学习质量自评问卷（初中版）

采用李三福等编制的"中小学生学习质量自评问卷（初中版）"（李三福，陈秋永，周毅，2012），详细介绍见第五章第三节。本问卷总体内部一致性系数为 0.97。

（三）施测与数据处理、统计

由主试向被试说明施测目的、问卷构成、答题的注意事项后，以班级为单位施测，对所有的学生分发学生学习质量自评问卷，对学生的班主任、任课教师分发教师胜任特质调查问卷。为了保证问卷的回收率，在研究者向相关采集人详细说明施测目的的基础上，由当地教育科学研究院（所）有关工作人员负责收回问卷。

数据处理与分析。将回收的原始数据进行编码整理后，将有效的数据输入计算机，之后，把一个班级所有学生的学习质量总分和各因子得分分别相加，求得的均值作为班级学习质量指数，同时将这个班级所有任课教师的胜任特质得分和各维度因子得分分别相加，求得的均值作为该班级教师胜任特质指数。然后将数据进行匹配，得到 72 组中小学教师胜任特质与学生学习质量一一对应的数据。运用 SPSS 17.0 对数据进行分析。

二、调查结果及其分析

（一）中小学教师胜任特质与学生学习质量的相关分析

中小学教师胜任特质与学生学习质量的相关分析结果如表 6-1 所示。

表 6-1　中小学教师胜任特质与学生学习质量的相关分析（r）

	个人特质	关注学生	专业素质	人际沟通	建立关系	信息搜寻	职业偏好	尊重他人	理解他人	胜任特质总分
德育	0.20	0.15	0.22	0.03	0.18	0.11	0.09	0.25*	0.26*	0.22
智育	0.33**	0.30*	0.39**	0.23*	0.40**	0.27*	0.19	0.32**	0.27*	0.38**
体育	0.25*	0.24*	0.32**	0.10	0.24*	0.18	-0.01	0.26*	0.26*	0.25*
学习质量总分	0.26*	0.23	0.31**	0.12	0.28*	0.19	0.09	0.29*	0.27*	0.29*

由表 6-1 可知，学习质量总分与教师胜任特质总分呈显著正相关，表明教师胜任特质得分越高，学生学习质量总分也越高，这和国内其他学者的研究是一致的。教师素质是学生学习质量的重要影响因素。教师具有较好的胜任特质有助于培养中小学生对学习的兴趣。这可能是因为中小学阶段，学生

的自主学习意识比较弱，学习活动有赖于教师的引导和指教。胜任特质较好的教师能够结合学生的特点，因材施教，注重学生学法的研究，善于运用较为适当的方式让学生充分理解课本知识，尊重学生的想法和意愿，因此，学生愿意学，喜欢学，学习质量自然会不断提高。

具体来说，教师胜任特质中的个人特质、专业素质、建立关系、尊重他人、理解他人维度与学生学习质量相关显著。个人特质维度涉及个体的责任心、耐心、自信心、进取心等要素，这些方面都是比较深层次的人格特质。从胜任特质的角度分析，个人特质对教师绩效的影响很大（马子媛，强健，胡秦，2012）。教师的职业道德、职务奉献、助人合作、教学效能、教学价值及师生互动都会对学生产生影响。教师具有良好的个人特质，对学生的学习有信心，包容和理解学生，这些都能够让学生提高学习兴趣，养成良好的学习习惯。学生的健康成长与发展必然要通过学生自己利用自身积极因素克服消极因素，而彰显学生自身优点与积极因素的途径就是教师对学生的积极关注（孔德英，郝维毅，2007）。教师较好地做到对学生情感和学习行为的关注，同时给予鼓励和引导，有利于学生自觉克服自身的不利因素，促进学生的健康成长。学校教育的实质就是师生交往的过程，教师和学生的关系影响到教学效果和学习效果（李国霖，2001）。教师具有良好的专业素养，积极运用各种教学方法和技能完成课堂教学、日常辅导等教学工作和任务，有利于提高学生的学习效率和思维能力。教师与学生具有和睦稳定的关系，让学生有良好的学习状态，是提高学生学习质量的基础。在新形势下，要取得良好的教育效果，教师就要尊重学生的人格，尊重学生的感情，尊重学生的自尊心（高华，2004）。教师尊重学生的情感和行为，能够促使学生的情感和行为得以升华，从而凝成乐观、积极、向上的正能量。

（二）中小学教师胜任特质与学生学习质量的回归分析

为考察中小学教师胜任特质是否能预测中小学生学习质量，以学习质量总分为因变量，以教师胜任特质总分以及胜任特质各维度作为自变量，用逐步回归法进行回归分析，所得结果如表6-2所示。

表 6-2　中小学教师胜任特质与学生学习质量的回归分析

因变量	自变量	R	R^2	ΔR^2	F	$R^2_{改变量}$	B	β	t
学习质量	专业素质	0.390	0.152	0.127	6.008**	0.097	3.182	0.639	3.310**
	人际沟通					0.055	1.828	0.403	2.088*

由表 6-2 可以看出，用教师胜任特质以及教师胜任特质各维度预测学生学习质量时，专业素质、人际沟通进入回归方程，表明教师胜任特质的专业素质、人际沟通维度对学生学习质量有显著的预测作用，对学习质量的联合解释量为 0.152。

研究结果表明，教师胜任特质中的专业素质、人际沟通对学生学习质量有非常显著的预测作用。教师的专业素质对学生的学习质量具有正向的预测作用，这表明，教师使用各种教学方法和技能完成课堂教学与日常辅导等教学工作和任务，发展学生的思维能力，有助于学生学习质量的提高。在信息技术快速发展的今天，学生对于知识的需求越来越高，教师已经不再是学生获取知识的唯一渠道。学生对于知识的多维需求，使教师的专业性面临着严峻的考验。具有较高专业素质的教师，知道在教学过程中以学生为主体，善于运用各种方法与手段更好地引导学生积极学习，踊跃探索，调动学生的积极性，促使学生在知识与能力、过程与方法、情感态度与价值观等方面获得良好的发展，通过上述思想和行动，可以比较充分地展示教师以人为本的教学理念（詹小利，2011）。专业精神是教师专业素质的重要组成部分，教师之所以热爱教育事业，钟爱自己所教的学科，在很大程度上是受教师专业精神所指引的。在专业精神的引导下，教师不是仅把教师行业当作一份普通的职业，而是将之当作实现自我价值、教书育人的平台（李磊，2012）。教师的人际沟通意识与能力对学生学习质量也具有正向的预测作用，这说明教师较好地与学生相处、恰当的人际交流和沟通、妥善处理学生的问题能够帮助学生提高学习质量。德国教学论专家沙勒（K. Schaller）与舍费尔（K. Schafer）提出的交往教学模式理论强调，教学过程是教师和学生借助各种中介而进行的认知、情感、态度、价值观念等多方面的人际交往和相互作用的过程。教师与学生之间的平等交往可以实现学生解放。这种人际交流原则要求在教学过程中，以相互尊重、相互合作的方式建立师生关系。在教学活动中，课堂教学活动是一种多级主题活动，在这种活动中，教师和学生之间有着密切而频繁的联系，师生之间的广泛交往和联系具有重要的教育意义，是学生学习主动性、积极性得以发挥的前提，是提高学生学习质量、促进学生全面发展的重要途径（邬开东，2006）。

《基础教育课程改革纲要（试行）》明确提出："教师应尊重学生的人格，关注个体差异，满足不同学生的学习需要，创设能引导学生主动参与的教育环境，激发学生的学习积极性，培养学生掌握和运用知识的态度和能力，使每个学生都能得到充分的发展。"可见，发挥教师的胜任特质，有助于促进学生的发展，有利于课程改革的顺利推进。

为了进一步考察中小学教师胜任特质对学生学习质量的独立预测作用，本研究在控制教师城乡来源的基础上，以教师胜任特质各个维度为自变量，以学生学习质量总分及其各维度为因变量，进行强迫（Enter）回归分析，结果发现，在控制教师城乡来源的基础上，专业素质（$\beta=0.676$，$t=2.79$，$p=0.007$）和人际沟通（$\beta=0.538$，$t=2.35$，$p=0.022$）对学习质量总分具有预测作用，而且专业素质和人际沟通对学习质量的三个维度也具有预测作用。总体来说，中小学教师胜任特质对学生学习质量及其各维度具有独立预测作用，主要体现在教师专业素质和人际沟通两个维度上。这进一步证实了教师专业素质和人际沟通两个特质对学生学习质量的重要作用。

当然本研究还存在一些不足。例如，研究群体仅来自湖南省2个市的一些中小学，取样范围不够大，涉及面较窄，研究结果的普遍性和适用性受到限制；影响学生学习成绩的因素很多，教师胜任特质只是其中一个因素，未来研究还可以进一步探讨其他的影响因素。

三、调查小结

本研究通过对中小学教师胜任特质和学生学习质量的实证调查，考察中小学教师胜任特质和学生学习质量的关系，调查结果充分显示了两者密切相关，而且教师专业素质、人际沟通对学生的学习质量具有独立预测作用。研究提示人们，提升教师的胜任特质有助于促进学生学习质量的提高，因此，采取相应措施加强中小学教师的职前、职后培训，强化教师专业发展非常重要。

第二节 农村中小学教师胜任特质与学生学习质量的关系——以个案分析为基础

上述研究以实证调查为依据，发现中小学教师胜任特质与学生学习质量关系密切。为了进一步求证两者之间的关系，本节以9名来自农村学校的优秀教师（其中8名特级教师）为对象，提炼他们的优秀特质，并考察他们的教育效果。以个案分析为基础，分析中小学教师胜任特质与学生学习质量的关系，不仅可以具体展示优秀教师的胜任特质，而且可以为揭示教师胜任特质与学生学习质量的关系提供另一种研究视角。

一、教师的个人特质与学生学习质量

著名学者朱永新认为，理想教师的八大特质包括：（1）胸怀理想，充满激情和诗意；（2）自信自强，勇于挑战自我；（3）善于合作，富有人格魅力；（4）充满爱心，受学生尊敬；（5）追求卓越，富有创新精神；（6）勤于学习，不断充实自我；（7）关注人类命运，具有社会责任感；（8）坚韧刚强，不向挫折弯腰。概而言之，优秀教师的个人特质包含教师的进取心、责任心、自信心、灵活性、效率感、影响力、智性等个人品质。教师个人特质对学生学习及其学习质量有什么样的影响呢？

案例1：曾书华，湖南省炎陵县沔渡镇学校教师，2013年被评为湖南省师德标兵，2014年入选中国十大教书育人楷模候选人，特级教师。1982年退伍后，曾书华放弃了县民政局相对优越的工作，回到家乡（位于湘赣交界的沔渡镇），重新拿起了教鞭。曾书华是土生土长的客家音乐教师，也是客家山歌的传承人，有着"客家山歌王"的美誉。军人出身的曾书华，总觉得自己并非科班教师出身，专业功底不扎实，所以一个劲儿地"补课"。音乐课上，电子琴、竖笛、口琴、二胡，"十八般武艺"全靠他自学自悟，如今早已到了信手拈来的境地。工作之余，曾书华热衷于收集、整理客家山歌，并创作适合学生传唱的客家山歌百余首，深受学生喜爱。课后一群学生围着

曾老师唱客家童谣，歌声此起彼伏。正是他的执着与热爱，客家山歌在沥渡镇学校得以全面推广，每一个班级都能表演形式多样的客家山歌，每个学生都能随口唱出客家山歌。同时，曾书华还是数学老师，他每天都会在上正课前、早自习的那段时间，给孩子们面批作业，从无间断。每到这时，他的办公室里便排起了长队。在曾老师看来，难的不是一时的付出，而是几十年如一日的坚持（罗赵华，吴秀娟，2014）。

作为一名退伍军人，曾老师甘愿放弃优越的工作回到家乡，振兴家乡的教育事业，传承和发扬家乡的音乐文化，他是一个具有社会责任感的人；他觉得自己非科班教师出身，自学自悟各种乐器，不断夯实自己的专业基础；他追求卓越、富有创新精神，利用课余时间收集、整理客家山歌，创作适合学生传唱的歌曲；关爱学生，给学生面批作业，对学生负责。正是由于曾老师这些优秀的个人特质，才使他备受学生喜爱，当曾老师批改作业时学生们才会在办公室前排成长龙。

教师是学生健康成长的指导者和引路人，除了传授知识，还要做学生的好榜样，通过言传身教影响学生，这就要求教师自身必须具备良好的品德修养和人格魅力。正如苏联著名教育家乌申斯基所言，"教师的人格特质对年轻心灵的影响，是任何教科书、任何道德箴言、任何奖励和惩罚制度不能替代的一种教育力量"。有研究者以 S 市 163 位特级教师为对象展开研究，结果表明，卓越教师的成长是一个多种因素共同作用的复杂过程，其中个性特征和成长机制是两个最重要的特征（周春良，2014）。教师优秀的个人特质对学生的健康成长有着至关重要的作用，它有利于创设友好、和谐的课堂气氛，能够激发学生的求知欲，陶冶学生的情操，培育学生的坚韧意志，帮助学生养成良好的行为习惯。田海红的研究发现，教师人格特征对高中学生的学习兴趣具有一定的影响，其中，教师的尽责性对学生的学习兴趣影响最大，教师的外倾性、宜人性对学生学习兴趣的影响较大，情绪稳定性、开放性影响较小（田海红，2013）。一名优秀的教师，必须不断渴求新知识、向往新事物，用自己的行动做好学生的榜样。吴光勇和黄希庭的研究发现，当代中学生喜爱的教师人格特征包括崇高的品德、责任感强、兴趣广泛、才识广博、治学严谨、公正、善良等（吴光勇，黄希庭，2003）。案例中，曾老师几十年如一日的坚持，教给学生的不仅是知识，还有一种对人对事的态度，他深爱这份职业，深爱着他的学生。他身上凸显着一个优秀教师的个人特质，有这样一位良师，学生的学习兴趣、学习质量自然也会提升。

二、教师的专业素质与学生的学习质量

优秀教师具有较高的专业素质，能高效地使用各种教学方法和技能完成课堂教学、日常辅导等教学工作和任务，发展学生的思维能力。那么，一名优秀的教师需要具备哪些基本素质呢？不同学者对此有着不同的解释。苏霍姆林斯基在《帕夫雷什中学》一书中，提出了教师必须具备的四种素质：（1）热爱儿童、了解儿童的心灵；（2）热爱自己所教的课程，有丰富的知识，了解本学科的最新发现和最新研究成果；（3）懂得教育学和心理学；（4）掌握某一种劳动技能。国内学者叶澜认为教师专业素养包括三个方面：一是教师的专业理念；二是教师的知识结构；三是教师的能力结构（叶澜，1998）。总的来说，教师专业素质包括专业知识、专业技能和专业品质（专业情意）三个方面的内容（童富勇，2005）[37]。教学活动是师生共同参与的活动，教师的专业素质直接影响学生的学习成绩。

案例 2：杨初春，湖南省新邵县第一中学语文特级教师，人民教师奖章获得者、"快速作文之父"。他自 1984 年开始进行快速作文教改实验，经过艰苦探索和潜心研究，创造出全新作文教学方法——快速作文法。他把思维训练和写作技巧有机结合，归纳并创造出 100 余种具体方法，包括快速审题、快速构思、快速行文、快速修改和快速记载、抒情、说明、议论以及求异作文的各种技巧和方法。经过"杨氏快速作文训练"，小学中年级学生能在 40 分钟内写出 400 字的好文章，初中生能在 40 分钟内写出 600 字的好文章，高中生能在 40 分钟内写出 800 字的好文章。

案例 3：易积修，湖南省衡阳县第五中学数学教师，校长，特级教师，曾获"全国优秀教师"、"湖南省优秀乡村教师"等荣誉称号。他善于向同事学、向名师学，积极摸索最管用的教育教学方法。每一章节、每一教时，他都要反复琢磨，反复备课，熟读成诵。他常常独自在教室里排练，既当教师，又当学生，既当授课者，又当评课人。每上完一节课，他都要细细反

思，总结成功的地方、失误的地方，将"教后感"一栏填得"顶天立地"。凭着一股子韧劲、一股子干劲、一股子钻劲，易积修的课堂教学水平飞速提高，很快成为学校教学的骨干和中坚力量。易积修从教 23 年中有 20 年担任毕业班数学老师，每届毕业班分课时，他都拣基础最差、班风最乱的班，但每次高考成绩揭晓时，他所带班的高分段人数、班平均分，无一次不名列全县前茅。易老师 2000 年辅导两个班学生参加全县五科联赛，全县数学单科前 10 名中，这两个班囊括了前 8 名；2004 年辅导学生参加数学奥赛，获省一等奖 2 人、市一等奖 4 人；2006 年辅导学生刘春华参加数学奥赛，获得全国二等奖，开创了普通中学学生在全国奥赛中获奖的先河（衡阳教育信息网，2014）。

杨老师刻苦钻研，通过思维训练与写作技巧的结合，创造出"杨氏快速作文法"，让广大中小学生能在较短时间内写出字数达标且质量高的文章。正是因为杨老师具备良好的专业素质，潜心研究，才造福了广大中小学生。易老师也是因为如此，才可以教出一批批优秀的学生，他永远不满足于自己现有的知识水平，积极学习，不断积累经验，夯实自己的专业基础，认真对待教学，授课前总是做好充分的准备。常言道，教师要给学生一杯水，自己必须要有一桶水。这句话在两位老师身上有着完美的体现，教师的专业素质好，拥有的东西多，学生才会有东西可学，学习质量才能够提升。

社会在进步，时代在发展，教师要跟上时代的步伐，培育出优秀的建设者，就必须树立终身学习的信念，积极寻求和争取学习的机会，不断创新，不断进步，努力提升自己的专业素质，紧跟知识更新的速度。良好的专业素质是教师有效教学的前提。研究表明，教学效能感高的教师与教学效能感低的教师在课堂时间的安排、课堂提问的认知水平、提问对象、对学生的反馈方式等方面均存在显著差异（李晔，刘华山，2000）。高效能感的教师精力充沛，身心愉悦，工作投入，乐观开放，追求进步，善于钻研；积极参与教学，喜欢以学生为本，心里想着工作，注重实效，不断在反思中提升自己的教学水平；备课、讲课、课后辅导、作业批改样样都能做到心中有数，研究教材，驾驭课堂，从不马虎；教书不忘育人，教师爱自己的教学，必然会用爱心浇灌学生，用耐心感化学生，提升教学效果。有研究发现，教师的教学效能感与学生的学习动机、学业成绩均存在显著的相关关系（李海华，2013），高效能感教师具有良好的专业素质，这会影响学生的学习动机、学业成绩，从而提升学生的学习质量。案例中的杨老师与易老师亦是如此，正因如此，他们才会受到学生的喜爱，学生的学习质量才得以大幅提升。

三、教师的人际沟通与学生的学习质量

教师工作的特殊性，决定了其在学校所处人际关系的复杂性。师生关系融洽与否对学生之间建立良好的人际关系起着至关重要的作用。师生关系和谐最突出的表现是：师生之间了解彼此的权利和义务，互相尊重，愿意沟通。教师需要具有良好的人际沟通能力，包括与学生进行有效人际交流，能与学生和谐相处，对待学生的方式和处理学生问题的方式合理，这些有助于学生形成良好的学习态度，促进学生学习质量的提升。

案例4：吴丽华，湖南省涟源市康铭希望学校校长，特级教师，曾获"湖南省先进工作者""娄底地区优秀班主任"等先进称号。她16岁就成为涟源市一名乡村教师，在30多年的从教生涯中，吴丽华将学生当成自己的子女，她的QQ昵称是"爱生如子"，她也以实际行动做到了"爱生如子"，她的很多学生一直喊她"吴妈妈"。不管学生成绩好坏，她都一视同仁地关心、帮助他们，让每个学生得以健康成长。2010年，她班上有一个学生成绩比较差，家境也不好，其父亲常常因赌博而欠债，还经常打孩子，吴丽华为此多次去他家，劝说其父亲改邪归正，在吴老师的努力下，他父亲终于戒赌并关心儿子的成长，孩子的学习成绩也越来越好。吴丽华日常教学中还有一个必不可少的环节——家访。35年来，吴丽华家访走过的路程，以每周20公里计算，已有近3万公里，她因此磨破的平底鞋也不知道有多少双。吴丽华成功的秘诀在哪里呢？她说："35年来，我感受最深的是，要让孩子养成好习惯，要让孩子学会关心他人，教师是关键。"（阳锡叶，袁愈雄，梁丹，2015）

案例5：贺美玉，湖南省江华瑶族自治县桥市中学教师，中学语文特级教师，曾获"永州市优秀班主任""湖南最可爱的乡村教师"等殊荣。她从教25年，当了23年班主任，坚持家访每一个学生，用爱感化学生，激励学生。她倾注最多心血的不是优秀学生，而是"问题学生"。例如，有个学生

父亲早逝，母亲改嫁，该生性格叛逆，经常逃学。她一次又一次把该学生从校外找回来，把他当作自己的儿子。她的心血没有白费，该生慢慢体谅了母亲的不易和继父的关爱。他不逃学了，也懂事了（黄志东，奉娟，2014）。

　　吴丽华老师看似平凡，实则有突出的个人素质。例如，她能与学生进行心与心的交流，用实际行动感染学生。这种能力其实彰显了她对农村教育事业所具有的爱心、责任心。贺美玉老师坚持家访，不仅能有效地激励学生，而且可以加强与家长、学生的沟通，通过师生互动去影响学生、改变学生。

　　为何教师良好的人际沟通有助于学生学习质量的提升呢？师生关系贯穿教育工作始终，教师必须重视并处理好师生关系，积极的师生关系会产生良好的教学效果，而良好的师生人际互动有益于积极师生关系的形成，有助于调动学生学习的积极性，有利于提高学生的学习质量。教师和学生都是社会性个体，本身有情感需求，情感的沟通是满足双方情感需要的重要途径。学习问题是教师与学生沟通的重要主题，但并非唯一主题，师生沟通的主题还应该包括思想、心理、课余生活、个人爱好、家庭背景等方面。也就是说，教师不能只关注课堂教学，还应该关心学生的成长情况。吴丽华老师和贺美玉老师在与学生的沟通过程中，创造了更多的共同话题，无形中增进了师生的沟通与交流。随着时间的推移，师生双方沟通进一步增强，师生间的情感变得深厚，师生关系也更加亲密。

　　张凤兰、石秀印和唐燕的实证调查结果表明，积极、正向的师生关系与学生较好的学习成绩相对应，消极、负向的师生关系与学生较差的学习成绩相对应（张凤兰，石秀印，唐燕，2003）。师生之间具有良好的关系，自然有利于良好学习氛围的形成。在良好的学习氛围中，师生和谐相处，学生将更愿意学习，更能有效提高学习效率。

　　上述案例中，两位老师的成功经历对教师的成长具有重要的启示。当前，无论是政府，还是人民群众，都对高质量教育有着强烈的需求。在我国全面提高教育质量的历史阶段，党和人民希望青年教师快速成长，胜任教育教学，以满足人民群众对优质教育的渴求。那么，如何才能成功而有效地实现这一目标？有研究者运用关键事件技术和内容分析法对15名优秀中小学教师传记中的典型事件进行分析，结果发现，与学生课下交流、日常上课、上公开课、获得荣誉、撰写教学论著等是优秀中小学教师工作中发生的关键大山的大学生达 140 多人，学校所在村 50% 以上的农户家都出了 1 名以上大学生（株洲教育网，2011）。

马安健老师几十年如一日执着地坚守在三尺讲台，把毕生的精力和智慧奉献给了老区教育事业，把知识传授给山区的孩子们。他始终关注学生的成长，为克服原有复式教学的弊端，让学生的学习质量更好，他自费到外地学习，并结合当地实际情况创立了"马氏教学法"，独特的教学方法达到了良好的教学效果，使当地的孩子受益良多，很多学生走出了大山。马老师的教学方法和教具等还被推广到全国各地，让更多的孩子受益。

教师关注学生，就是要确立学生的主体地位，就是要关注"全体"学生的需要，平等地对待每一位学生，找到适合学生的教学方法，优化课程设置，保证学生能够更好地接受课堂教学知识。教师关注学生的学习方式，有助于学生学习方式的转变，学生学习方式的转变与其学习成就具有直接的对应关系。学生采用讨论、探究、合作式学习等学习形式，保持主动性、创造性等良好的学习状态，有助于更好地理解、掌握所学知识，更快地解决问题，学习质量也自然会得到提升。而学生学习方式的转变主要靠教师的引导、鼓励、支持与帮助。教师在教学实践中对学生学习方式的引导，直接决定学生学习方式的选择（李本友，李红恩，余宏亮，2012）。还有研究显示，教师关注学生学习风格差异与否与学生学习主动性、学习成绩、课堂教学满意度有关（张鸿，2005）。案例中的马老师采用灵活的教学方式、多样化的教学组织形式帮助学生学习，促使学生学习方式发生转变，关爱学生，让学生更热爱学习，提升了学生的学习质量，促进了山区教育事业的发展。

五、教师尊重、理解学生与学生的学习质量

著名教育家夸美纽斯说，"在我们的果园里，我们不独喜欢果子结得早的树木，同时也喜欢果子结得迟的树木；因为西拉的儿子说，每一件东西都有它值得赞美的时期，然则我们为什么在学问的花园里却只希望智力前进活泼的一批儿童受到宽容呢？谁也不要被排斥，除非是上帝没有给他感觉与智力"（夸美纽斯，1998）[381]。夸美纽斯的这段话形象地说明了学生是有差异的，学生的发展是不平衡的，但每个学生都是有潜力的。教师必须尊重学生

事件（徐建平，谭小月，武琳，等，2011）。一个新教师要成长为优秀教师，应重视这些关键事件，其中与学生的人际交流尤为重要。

四、教师关注学生与学生的学习质量

教育必须以关注和促进学生发展为基本原则，一切从"为了学生的发展需要"出发，以生为本，将学生的身心全面和谐发展以及学生整体素质的提高置于首要地位。同时，每个人还应该坚信这样一条教育原则，即学习不依赖于施教，而依赖于学习者自我激励的好奇心和自动开始的行动（阿克夫，格林伯格，2010）[191]。"关注学生"是教师胜任特质的重要组成部分，主要涉及教师对学生的热爱、尊重、理解和培养。关注学生，不是关注某一个学生，而是关注每一个学生；不只关注学生的成绩，还应关注学生的内心；不是教师至上，而是要尊重、理解学生。学生的主要任务是学习，教师尤其要关注学生的学习方式，促进学生学习质量的提升。特级教师马安健的事例就生动地诠释了这一理念。

案例6：马安健，湖南省炎陵县鹿原镇鲁坑小学教师，全国劳动模范，全国优秀班主任，长期从事山区小学复式教学，坚持勤工俭学，实现该地儿童免费入学。刚开始教书时，面对一间教室、四个年级的教学任务，马安健也曾一筹莫展，课堂上他常常完成不了授课任务，孩子们也学得非常吃力。他逐渐认识到，"学生进得来靠免费，留得住靠关爱，学得好靠创新"。为了丰富复式教育内容，创新复式教学方法，马安健老师毅然决定利用寒暑假自费去外地学习取经。有一次去山西临汾学习二、三、四级复式教学"动""静"搭配规律，为节省车费他买了一张站票，从株洲站到山西临汾，整整站了38个小时。经过多年的潜心探索和实践，他逐步改革了"满堂灌""填鸭式""复式单教法"和简单的"动""静"搭配法等传统教学方法，创立了"动""静"教学线路交替法、"短动教学法"和"四步教学法"（被同行称为"马氏教学法"）。同时，他还设计制作了350件教具用于复式教学，有效地促进了教学质量的提高。其中，"汉字结构分析板"和"活页式多用小黑板"被全国各地广为采用。从1992年到2010年，鲁坑小学的师生在全国、省、市各种竞赛中获得奖励的达180多人次，从鲁坑小学受到启蒙走出的差异，理解学生的不同，要相信每个学生的潜力，做到因材施教。

案例 7：伍小艳，全国优秀教师、湖南省音乐骨干教师，湖南省永州市祁阳县第二中学特级教师。她上的音乐课妙趣横生，深受学生欢迎；她在课下是孩子们的知心伙伴、要好的朋友。面对每一位学生，伍小艳首先告诉他们"你是最棒的"，许多学生在这句话的激励下走进了大学校园。对待音乐教学，她摸索出一套行之有效的训练方法，在教学过程中，她坚持从了解学生、研究学生入手，根据学生的具体知识结构水平、不同的生理特点，采用不同的声乐训练方法，及时调整教学方案，做到因材施教。更为重要的是，她用真情理解学生，努力让学生信任她，让学生把老师当朋友，走进学生的心里。一分耕耘，一分收获，她所指导的学生弦歌不断，捷报频传。近年来，她所指导的专业生参加各类比赛，获省级以上奖励达 20 余次。一批批学生在她的悉心指导下学有所成（歆君，2014）。

伍小艳老师尊重、理解每一位学生，是学生们的良师益友。她用话语鼓励每一位学生，用真情关爱每一位学生。她努力发掘学生的潜能，根据每个学生的特点，采用不同的教学方法，方法独特且效果良好，让学生能够快乐学习。从老师那里得到鼓励、表扬与肯定，会使学生的学习态度与学习成绩往更好的方向发展，学习质量得到提升。

教师尊重、理解学生对于学生的发展乃至社会化具有重要作用，它是对教师课堂教学行为的基本规范和约束，是教师高尚师德的重要内容，也是课堂教学成功与否的关键因素，是学校教育教学目标能否实现的影响因素（王等，2013）。教育作为一种培养人的活动，工作的对象是活生生的生命，每一个对象都有着独特的个性，都追求个性独立。教师的教学工作面临复杂的环境以及考验，这就要求教师在工作中要知己知彼，不仅要充分了解自己，明确自身的教学优势与不足，还要真正了解学生特点，掌握学生学习的优势与劣势，做到尊重、理解学生，为学生选择适合的教学方法，协助学生根据实际情况制定学习目标。

有研究显示，教育态度与学习态度呈显著正相关。教师有意识地、积极地采取尊重、民主、热情、赏识的教育态度，能改变学生消极的学习态度（谭美婵，2006）。教师对待学生的方式会影响学生的成长，诚如苏霍姆林斯基所言，"教育者所表现出来的同情和关切态度，会在受教育者的心灵中留下难以磨灭的印记"（苏霍姆林斯基，2001）[727]。师生间能平等对待是良好师生关系形成的关键，也是双方互相理解、尊重的前提和基础。教师应该秉承这样的教育态度，平等地对待每一位学生，对每一位学生都应充满信心，坚信每个学生都是可以积极成长的，是有前途的，是追求进步和完美的，是可以获得成功的。发自内心地尊重、理解学生，从心灵上感化学生，关心学生精神世界的完整发展，积极促进学生学习态度的转变，促使学生更主动积极地学习，学生的学习质量就会自然而然地提升。

六、教师的职业偏好与学生的学习质量

教师的职业偏好是教师对于教育活动的基本态度和看法，是教师职业素养的集中表现，它追求对现实自我的超越，它所表达的是一种态度，一种如何对待职业、对待学生、对待教学、对待自己、对待社会公众的态度。同时，它会对教育活动的开展和教育质量的提高产生重要影响。要成为一名优秀的教师，要在教师职业中做出成绩，必须要正视教师自身的职业偏好。同时，教师的职业偏好也是教师对教育教学的情感态度与价值观的融合，主要表现为教师对班级、学校、教育事业的热情和兴趣等。

案例 8：吴钢军，湖南省湘乡市东山学校特级教师，他长期致力于学生创新精神和实践能力的培养，曾获得"全国劳技教育优秀教师"、"湖南省优秀科技辅导员"、"湖南省优秀科技教师"、"湖南省'十佳'科技教师"等 40 多项荣誉。他刚工作时所教学科是化学，曾经带领学生开展化学魔术、小制作和小发明等活动，学生的创新与实践能力得到了激发。后教育部决定在中学新开设劳动技术课，由于学校绝大多数老师不乐意改行去教这样的"副课"，吴钢军主动请缨，承担劳动技术课的教学。为了将这门课打造成为优秀课程，让学生满意，他花钱订阅资料、进修相关课程。为了使劳技课堂生动活泼，提高学生的创新与实践能力，他不断改进教学方法。在摸索总结的基础上，吴老师探索出课堂教学"三部曲"，并在全校推广。他上的劳技课有模有样，有声有色，深得学生的喜爱，他自己也乐在其中。在他的执着努力下，学校被湘潭市教育局授予"劳动技术教育示范学校"称号。他指

导学生发明的成果已连续 17 年代表湘潭市参加湖南省青少年创新大赛，有 60 多件作品获国家、省级奖励，有 20 多人的发明创造成果申报了专利（陈步红，2014）。

案例 9：李秋云，湖南省衡阳市祁东县金桥镇二中特级教师。她从教 19 年，所带的班级多次被评为祁东县金桥镇优秀班集体。李秋云曾获"祁东县优秀教师""祁东县模范教师""衡阳市优秀班主任"等荣誉称号。刚毕业时，李秋云被分配在祁东县乡村小学，她一个人包一个班。白天，她跟孩子们打成一片；夜晚，她一个人在灯下备课、看书。由于李老师的课生动有趣，课后又陪着孩子们玩游戏，孩子们都非常喜欢她，亲切地叫她"小李姐姐"。一年后，因为工作需要，她被调到条件更差的小学，但李秋云老师仍然安贫乐教，在任教的几年里，李老师所教班级语文、数学成绩期期都是全乡第一名，对这个偏僻的山区小学来说，以前可是从没有过这样的好成绩，同行们惊讶不已。因工作业绩突出，李秋云调入现在所在的单位，即使自己的孩子还在襁褓中，她仍一心扑在班级管理和教育教学工作上。在父亲生病住院期间，她也坚持上课，父亲病逝，为了不耽误学生的学习，她处理完后事，强打精神，坚持上课。在学校，领导和同事们都认为李秋云是个全能型教师、常胜将军。其实，她更像一个"工作狂"。她爱生如子，全程盯班，与学生形影不离，为学生付出了无数的心血和汗水。她自己认为，教师为学生及家长所做的一切，应该完全是出于一名教师的职业责任感和社会良知（彭林，2009）。

托尔斯泰曾说："一个人若是没有热情，他将一事无成，而热情的基点正是责任心。"这句话在吴老师和李老师身上得到了完美的体现。吴老师几十年如一日，坚守在科技创新的园地之中并乐此不疲，是因为责任已在他心中生根扎牢。所有这些，都源于他对学生的爱、对教育理想的执着追求。李老师也是一样，热爱学生，热爱她的职业，永远对学生充满热情。条件艰苦，她没有抱怨，安贫乐教，把学生当作自己的孩子，把教书育人作为自己的生活方式，为之倾注全部的精力。所有这些，都源于一份责任、一份使命，源于她对教育事业的热情。

是否是自己所认同和擅长的、是否是自己的兴趣倾向、是否是自己力所能及的、是否有利于个人的可持续发展等，是人们选择职业首先需要思考的问题或基本的择业原则，无疑这些也会影响人们的职业作为和职业成就，教师也不例外。然而，教师职业更有其特殊性，选择教师职业应以职业兴趣为前提。职业兴趣作为一种动力持续贯穿于个体职业生涯的全过程，是影响个体创造主动性和积极性的重要因素，影响着个体的职业选择偏好和职业规划。教师的职业兴趣是教师对其职业喜爱且不断追求的认识倾向，是教师群体所特有的，教师职业兴趣对教师的职业投入、职业满意感及职业承诺感有深远影响（冯媛媛，2013）。认同自己的职业并愿意为之付出，有助于激发教师的动力，促使教师不断改进教学方式，提高学生的学习积极性，进而使学生在学习中投入更多的时间和精力，从而提高学生的学习质量。教师的职业偏好要以学生接受为标杆，教师要从学生的立场出发，考虑到学生的认知水平，设身处地与学生一起揭示知识的内涵，这样会使信息更容易或更自然地传递给学生（蒋裕平，2009），学生也更容易接受教学内容，这有助于学生学习质量的提升。案例中的两位老师就是这样，他们始终对教育事业充满责任心与热情，始终站在学生的角度，为学生考虑，为了学生更好地发展，默默奉献自己，有这样的好老师引导，学生终会收获丰硕的果实。

综上所述，不管是实证调查，还是个案分析，均表明教师胜任特质与学生学习质量关系密切，教师胜任特质越高，学生的学习质量也越高。在具体的教育实践中，可以坚定这样的行动路径，即要提高学生的学习质量，应首先提升教师的胜任特质。

第七章 农村中小学教师胜任特质与学生学习质量提升对策

第一节 农村中小学教师胜任特质发展困境及其分析[①]

诚如上述，乡镇中小学教师的胜任特质发展水平明显低于城区教师，城乡之间差异明显。为进一步了解农村中小学教师胜任特质发展存在的问题，在访谈的基础上，使用"教师胜任力测验"（徐建平，2004）、"农村教师职业认同问卷"（张丽萍，陈京军，刘艳辉，2011）、自编"教师的职业压力问卷"等，对×县的112名农村中小学教师进行了实证调查，其中男教师43名（38.4%），女教师69名（61.6%）。研究结果表明，教师的职业压力、职业认同、职后培训和教师评价等对教师胜任特质发展有着不同程度的影响。

一、教师的职业压力及其对教师胜任特质发展的阻碍

教师职业压力是指教师在教学工作中的需求超过了自身的适应力，进而产生了一种生理和心理的紧张状态。有调查发现，农村中小学教师的职业压力主要来源于工资待遇低、工作负担重、不能适应新课程改革等方面（肖第郁，钟子金，2010）。本调查发现，农村中小学教师的职业压力主要体现在

---

① 注：本节是由课题组对课题组成员吴姝璇的硕士学位论文《农村中小学教师胜任力发展的困境及其对策研究》（论文指导教师为项目主持人李三福）进行整理而成。

四个方面。一是来自学生方面的压力。53.60%的教师对"学生学习态度差，成绩难以提高"感觉压力大；42.00%和56.30%的教师分别对"学生学习动机不强"和"留守儿童比较多，难以管教"感觉压力大。二是来自教师自身生活处境的压力。56.30%的教师对自己所处生活环境与经济收入感觉压力大，43.80%教师对于自己的社会地位感觉压力大。三是来自学校方面的压力。54.50%的教师对"缺少必需的教学资料和资源"感觉有压力，对"学校和教育部门的各种检查、评比"和"学校非教学性的会议、事务性工作"感觉压力大的教师分别有49.10%、35.70%。四是来自社会要求的压力。面对"学校、家长对学生升学率等要求"时，52.70%的教师感觉压力大，而且有58.00%的教师对"学生家长不配合学校教育、教学"感觉压力大。

教师职业压力如一把双刃剑，适度的压力可以增加人的心理警觉，但过大的职业压力会使教师身心产生一系列不良反应，间接导致教学效果不良（姚恩菊，陈旭，韩元亚，2009）。同时，不同压力源对教师的影响是不同的，例如：学生的学习问题和行为问题会激发教师发展专业素质和人际沟通能力来应对压力，但如果教师无力应对，学生问题会对教师的身心健康产生破坏性影响；社会变革，尤其是教育改革会促进教师转变观念，提高教学水平，但变化不断的改革又可能导致教师陷入过度负荷的境地。因此，不当的"施压"与"减压"都有可能造成教师胜任特质发展的困境。

二、教师职业认同困境及其对教师胜任特质发展的影响

教师职业认同是指教师个体在将自己的职业角色内化为自我一部分的过程中，内化的职业角色和自我其他部分建立一致性关系的过程及其结果（张丽萍，陈京军，刘艳辉，2011）。职业认同关乎教师自身的未来发展，也关乎学生的未来发展，影响长远且不可逆。从调查情况来看，除了职业—社会我一致性较高外，农村中小学教师职业—精神我、职业—物质我一致性较低。在职业—精神我方面，35.70%的教师不认同"中小学教师有广泛的人际交往关系"，43.80%的教师不认同"中小学教师能充分施展自己的才能"，14.30%的教师"不乐意和别人谈论自己所在的学校"。在职业—物质我方面，仅32.10%的教师"从没有想过转到一个收入更高的行业"，仅28.30%

教师认为"经济上没有压力"，只有 28.60% 的教师认为"当中小学教师和自己的理想吻合"，有 45.50% 的教师不认同"中小学教师的工资收入合理"。进一步的统计分析发现，教师职业认同与胜任特质存在显著的正相关（表 7-1），而且职业—精神我对胜任特质具有显著的正向预测作用（解释率为 21.00%）。

表 7-1　农村中小学教师职业认同与胜任特质的相关系数

	个人特质	关注学生	专业素质	人际沟通	建立关系	信息搜寻	职业偏好	尊重他人	理解他人	胜任特质
职业—精神我	0.48**	0.24*	0.37**	0.41**	0.34**	0.31**	0.43**	0.34**	0.44**	0.46**
职业—物质我	0.40**	0.18	0.27**	0.27**	0.20*	0.22*	0.30**	0.26**	0.35**	0.34**
职业—社会我	0.29**	0.07	0.25**	0.39**	0.12	0.13	0.14	0.16	0.17	0.22*

教师职业认同是教师成长的内驱力，优秀教师的共同特质之一是具有把个人的自身认同融入工作中的强烈意识（庞晓青，华磊，2013）。职业认同有助于教师个体自觉、积极学习专业知识，促进自我发展。一些研究也显示，低教师职业认同是教师离职倾向的重要影响因素（蔡莉，2011；魏淑华，宋广文，2012）。因此，要提高教师胜任特质，应解决教师职业认同问题，以增强农村中小学教师的职业热情和自我发展的内驱力。

三、教师职后培训缺失及其对教师胜任特质发展的限制

教师培训是提高农村中小学教师综合素质的有效手段之一。自 20 世纪 80 年代起，我国农村中小学教师培训由学历达标培训转向学历提升培训，由教材、教法培训转向教育科研培训，教师培训的形式多样化，教师培训体系更加开放。但调查显示，农村中小学教师职后培训仍存在诸多不足。（1）物质层面的不足。有调查显示，"学历教育费用的支付主体相对单一，并且费用相对较高。农村教师教育费用基本上由教师本人承担（所占比例为 61.50%）"（杨晓丽，2007）。调查还发现，有 69.70% 的农村中小学教师认为"学校的培训经费明显比城区学校少"。（2）培训机会不均。调查结果显示，46.50% 的教师不认同"学校在派教师培训时，培训机会分配均衡"。一位市级优秀教师在调查中表示"培训的广度不够，接受培训的人群太少，很

多普通教师一辈子也没有接受过培训"。（3）培训有效性缺失。在调查中，有接受培训的教师反映"希望培训的内容能符合一线教师的需求，多结合实际教学案例，培训内容不需要'高精尖'，只希望内容能更'接地气'"。教师培训效果受到了中小学一线教师的质疑。有教师反馈意见时，表示"学校培训的主要形式是听课、评课、专题讲座，缺乏灵活多样的培训形式，不能很好地调动老师参训的积极性"。

有研究者认为，当前农村教师培训工作在管理体制、培训内容、培训方式、培训机构、培训评价等方面不适应当前教师专业化发展（周德义，于发友，李敏强，2012），总体来说，农村中小学教师职后培训问题较为严重。职后培训是提高中小学教师胜任特质的重要途径，现行的职后培训一方面在不同程度上阻碍了中小学教师素质提升的通道（如学历教育、观摩学习等），另一方面，也可能影响中小学教师参加培训的兴趣和积极性。因此，如何公平分配培训机会，增强培训效果，激发教师自主提高素质的动力，仍然需要学校和教育行政管理部门不懈的努力。

教育部、财政部2010年起全面实施了中小学教师国家级培训计划（简称"国培计划"），其主要目的是提高中小学教师特别是农村中小学教师队伍整体素质。结合"国培计划"，很多省（市）已着手进行地方中小学教师培训计划，而且向农村地区教师倾斜。各级政府实施的这些重点培训计划无疑有助于提升教师的胜任特质，但是有些现象仍值得关注。在对一些农村学校校长的访谈中了解到，部分教师太安于现状，不情愿参加各种职后培训、学习，有些教师甚至对现代化的教育技术与手段存在抵触情绪等。因此，如何调整部分农村中小学教师"不想学"的心态，也有待更深入的思考和探讨。

四、教师评价问题及其对教师胜任特质发展的制约

教师评价是学校教育管理的重要组成部分，是影响中小学教师发展的重要因素。合理的教师评价能促进教师健康发展，不合理的教师评价是阻碍教师发展的重要瓶颈。然而，调查发现，当谈到"评价对教学管理的促进作用"时，9.80%的教师认为完全没效果，41.10%的教师认为基本没效果；71.50%的教师不同意"晋升制度的合理性"，69.70%的教师不认同本校的

"奖励制度"。调查中发现的普遍性问题是高职称教师和低职称教师之间的利益分配问题,两者之间同工不同酬,诸多高职称教师工作态度消极,普通教师工作量大且没有得到应有的回报。在这种利益分配之后,其实还存在另外一个具有普遍性的问题,即为晋升职称的教师疲于参与各种评价,而已经晋职的教师无动力参与评价活动。有研究者将这种情况视为农村中小学教师评价面临的首要困境,即场域利益格局的限制(张建桥,2012)。进一步的调查显示,目前农村中小学教师评价还存在以下问题:教师评价重结果不重过程,目标失当;以学生的考试成绩作为主要评价内容,标准单一。

教师评价的重要目标之一是促进教师专业发展,激励教师主动适应现代教育发展的需要。目前,农村中小学教师评价的问题无疑会影响他们的工作热情与积极性,导致他们自我提升动力缺乏。这些不仅阻塞了教师胜任特质提升的自我激励通道,也阻碍了教师胜任特质发展的外界支持系统的完善(例如老教师帮扶青年教师等)。疏通农村中小学教师胜任特质发展的内外通道,必须着力解决教师的评价问题,为教师素质提升、专业发展注入新的活力。

总而言之,高素质的教师队伍是高质量教育的基本条件。尽管我国在教师培养和教师培训上取得了令人瞩目的成绩,但农村中小学教师的整体素质仍然偏低,与城市教师的差距较大,这种境况在教师胜任特质上表现明显。从发展的视角来看,提升农村中小学教师胜任特质水平应着眼于解除一系列发展困境。例如,改善教师的生存与教学环境,夯实教师提升胜任特质水平的物质基础;培养教师的压力应对能力,消解教师胜任特质发展的外在威胁;重视教师职业效能感的培养,提高教师胜任特质的自我发展动力;完善教师评价机制,为教师胜任特质发展营造良好的氛围。

第二节 农村中小学生的主要学习问题

新课程改革在课程理念、课程内容、教学方式和教材编写上为传统教育带来了许多改变,甚至连评价方式也悄悄地发生了转变。毋庸置疑,新课程改革对于促进农村基础教育发展起到了积极作用。但是,不可否认的是,从某种程度上讲,新课改是建立在对发达地区教育现状的考察基础之上,着力借鉴发达地区素质教育改革经验，并未充分考虑农村教育的实际情况，尤其是农村学生的学习现状。

综合已有的研究成果，结合实地调查，我们认为农村中小学生的学习问题主要表现在两个方面：一是"愿不愿意学"，主要涉及"学习动机"问题；二是"会不会学"，主要涉及"学习习惯"和"学习策略"等方面的问题。

一、农村中小学生的学习动机问题

《农村教育布局调整十年评价报告》显示，2000 年到 2010 年，在我国农村，平均每一天有 63 所小学、30 个教学点、3 所初中消失，几乎每过一小时，就有 4 所农村学校要消失。与此同时，10 年间，我国农村小学生减少了 3153.49 万人，减少了 37.80%，农村初中生减少了 1644.00 万人，减少了 26.97%（社会科学报，2012）。这些数字是让人触目惊心的，这其中纵然有客观因素，例如："城镇化"使更多的农民涌进城市，不少孩子随父母进城读书；计划生育使出生率降低，生源进一步减少。但是，还有一种现象不容忽视，那就是农村学生，尤其是农村初中生辍学打工。教育统计年鉴数据和抽样调查数据均表明，农村青少年辍学外出打工是一个普遍存在的社会现象（刘成斌，2014）。从某种程度上讲，农村中小学生辍学与其父辈的教育观念相关联，如果父母抱有过强的金钱观念，认定"读书无用论"，就会主张孩子辍学打工。"读书无用论"现象在农村重新抬头，必然影响到农村中小学生的学习动机。

本研究采用问卷调查法对湖南省两个地区 19 所学校（其中城区 6 所，县城 6 所，乡镇 7 所；小学 9 所，初中 10 所）4900 名中小学生进行了调查，收回有效问卷 4823 份。被试的基本构成见第三章第二节。

本研究选用余安邦编制的"个人取向成就动机量表（内部动机）"和"社会取向成就动机量表（外部动机）"，量表共 13 个项目，其中内部动机6 个项目，外部动机 7 个项目（荣巨兵，2006）。问卷采用 5 点计分，分数越高，表明动机越强。本次测试总体内部一致性系数为 0.63。对城乡中小学生的内部动机和外部动机进行差异分析，各类被试的学习动机情况如图 7-1 所示。

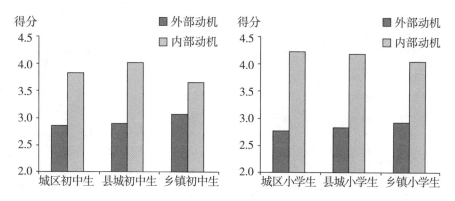

图7-1　城乡中小学生的内外动机

统计分析显示：（1）城乡初中生外部动机存在显著差异（$F = 19.03$，$p < 0.01$），农村初中生的外部动机显著高于城区初中生和县城初中生，城乡初中生内部动机也存在显著差异（$F = 52.40$，$p < 0.01$），农村初中生的内部动机显著低于城区初中生和县城初中生；（2）城乡小学生的内部动机（$F = 15.10$，$p < 0.01$）和外部动机（$F = 13.25$，$p < 0.01$）均存在显著的差异，具体情况与初中生相似。从统计结果来看，相比城市中小学生而言，农村中小学生更倾向于以家庭或社会的目标作为自己追求的学习目标。

为什么读书、为什么不读书，做什么事情、不做什么事情，总是有一定的原因的。有一定的原因，有想要达到的目的，这就是动机。动机是指引发并维持活动的倾向。有些学生经过思考，学习动机很清晰，学习的目的很明确，如"读好了书、有了出息对自己好""考个好大学、有份好工作""跳出'农门'，做个城里人"；有些学生却一直有些迷糊，他们读书并没有明确的动机和目标，问及他们"为什么要读书"之类的问题时，他可能回答"爸爸妈妈和家里人要我来读书的"，"我还小，在家也干不了什么事情，就来读书了"，"别的同龄人都去上学，我也只好上学了"等诸如此类的话。可以想象，有着强烈学习动机的学生与没有学习动机的学生在学习时间、学习精力的投入等方面肯定会存在极大的差异。从实地访谈情况来看，部分学生因为没有明确的学习动机，可能上课不认真听讲，课后也不会认真做作业，对学业漠不关心，他们不知道自己学习的意义何在，而这些都将导致学习质量的差别。张仓焕和侯耀先以陕西省北部贫困地区×县为例进行调查，发现大部分学生厌学的主要原因是学习动机问题，他们没有明确的学习目的，学习态度不端正，导致不想学习，不愿学习，认为学习又苦又累又无聊

（张仓焕，侯耀先，2012）。在农村"读书无用论"复苏、学校教育成本不断上升的今天，如果学生没有明确的学习目标，内部动机不强，就很容易在外界的影响之下失去学习的兴趣。

二、农村中小学生的学习习惯问题

心理学家詹姆士（W. James）认为："播下一个行动，你将收获一种习惯；播下一种习惯，你将收获一种性格；播下一种性格，你将收获一种命运。"习惯常常可以决定一个人的成败。良好的学习习惯是学生的基本素养，是学生学会学习的具体表现，也是学生学习成功的重要保证。可是，实际生活中，有不少学生存在不良的学习习惯，这必将影响到他们的学习成绩。杨惠萍通过访谈发现学生不良课后学习习惯包括以下几种：马虎大意、粗心；作业不检查；书写潦草、作业质量差；做作业依赖家长，独立性差；爱看电视，迷恋网络游戏；时间观念差，不按时作息；不爱惜学习用具等（杨惠萍，2005）。

李晓丽对小学生学习习惯做了调查，结果显示，生活在城镇的学生学习习惯明显优于生活在农村的学生（李晓丽，2008）。陈倩以某市中心小学、城郊接合部小学、县城小学、农村小学各1所为例，调查了学生预习习惯、听课习惯、作业习惯、复习习惯和课外阅读习惯，发现4所学校的小学生学习习惯存在着显著的区域性差异，在绝大部分习惯上，农村小学生要显著差于城市小学生，特别是在听课习惯和作业习惯方面（陈倩，2011）。随着工业化和城镇化的推进，人口迁移越来越频繁，很多农民进城务工，但是由于现行户籍管理制度的原因，流入城市的农民工不能享受与城市居民同等的待遇（包括国家提供的各种公共服务等），导致大量"留守儿童"的产生。留守儿童已经成为农村中小学生的"主力"，这部分学生的学习问题也引起了人们的普遍关注。蒋平抽取了660名留守儿童与426名非留守儿童进行问卷调查，结果发现，非留守儿童的学习习惯得分要显著高于留守儿童学习习惯得分（蒋平，2008）。22.12%留守儿童的学习习惯较差，主要表现为"没有明确的学习计划，学习过程易受外来干扰的影响；学习新功课前，很少对前面的材料进行复习，很少对新内容进行预习；上课精力不易集中，听课方式被动，喜欢照抄黑板记笔记；课下不及时复习，复习方法不正确；作业完成情况差，发现错误不及时改正；考试策略不正确，考后不总结；课外学习不积极、主动，阅读方法不正确；对所学知识不善于应用等"。还有研究显示，60.80%的留守儿童"不能完成"或"不能全部完成"家庭作业（马雪琴，2014）。

我们对某市教育科学研究院负责人进行了一次访谈，访谈结果在一定程度上反映了中小学生，尤其是农村留守儿童的学习现状。

问：您觉得当前中小学生学习方法方面存在的最主要问题是什么？

答：我觉得目前中小学生存在的主要问题是厌学，不学、逃学的现象比较普遍。

问：那您认为造成这一问题的主要原因是什么呢？

答：我觉得一个原因是教师的教育方式有问题，尤其是课堂教学方式存在问题，很多教师仍然习惯采用"满堂灌"的教学方式，说教比较严重，学生不太想学。例如，老师在课堂中说："同学们，你们好好学习，以后才会有前途。"学生则马上会说："老师，你看我们现在这样，不也好好的吗？"第二个原因是教师的专业精神有问题。很多教师在学校上课不认真，不负责，而乐于在外开辅导班、上辅导课。第三个原因是家庭教育问题，严格地讲是隔代教育问题。从我们调查的情况来看，本市有60.00%的学生是留守儿童（父母单方或双方外出务工），农村则有80.00%左右的学生是留守儿童。这些学生的家庭教育大多由爷爷奶奶承担，而这些老人要么无时间承担，要么无能力承担。第四个原因是教师管理无法到位。由于教师的财权和人事归县或区里管，校长有时候成了"维持会长"。

该负责人对中小学生学习习惯问题的原因分析较为全面。不过，我们更为感兴趣的是家庭教育的缺位对农村中小学生学习习惯的影响。许多学者认为，父/母外出打工对留守儿童的学习习惯会产生很大的负面影响。也有调查显示，对于留守儿童不良学习习惯的原因，85.90%的教师和45.35%的留守儿童认为是"父/母或临时监护人不注重培养他们良好的学习习惯"，61.54%的教师和34.88%的留守儿童认为是"父/母或临时监护人不纠正他们不良的学习习惯"（蒋平，2008）。从我们的调查情况来看，造成这种局面的主要原因有如下几方面。一是临时监护人普遍缺乏培养孩子良好学习习惯的意识。在一些农村家庭中，学生的父母或爷爷奶奶由于自身文化水平不高，主要关注孩子的衣食住行，而对孩子的学习习惯关注不够，即使有监督，也流于偶尔的口头督促，并无实质性的培养。有些学生家长长期在外工作，孩子基本由老人照看，更是无法监督孩子的学习。也有少部分家长由于工作繁忙，无暇关注孩子的学习，这些家长未能意识到培养孩子良好学习习惯对于提高孩子学习成绩的重要性。二是学生自身缺乏养成良好学习习惯的正确态度。由于父母或其他监护人对孩子学习的关心不够，以及一些农村地区新"读书无用论"思想等多方面因素的影响，一些成绩不好的学生容易产生厌学情绪，这也会影响农村中小学生良好学习习惯的形成与发展。众所周知，学习习惯对学生的学习质量影响巨大，要提高农村中小学生的学习质量，首当其冲的是要千方百计地纠正他们不良的学习习惯，促使其养成优良、高效而又适合自身特点的学习习惯。

三、农村中小学生的学习策略问题

教师在教育教学过程中，经常会遇到这样的学生：学习动机很明确，对学习很有热情，也很努力，恨不得一天 24 小时都在学习，但是他们的学习成绩总是不理想。有学生把学习中的困难归因于自己"笨""没有能力"。单纯地把学习成绩不好归结于所谓的天赋问题并没有多少科学依据，相反，越来越多的人认识到：学习成绩的好坏在一定程度上受到学习方式、学习方法的影响。教会学生学习、教会学生思考已成为近年来世界各国各界人士共同关注的焦点问题。"授人以鱼，不如授人以渔。"在这个知识爆炸、网络发达的信息时代，教会学生如何学习更为重要。学生只有掌握了学习策略，才能在这个需要终身学习的社会中不断地从知识的海洋里汲取营养。但是，问题在于很少有人重视教会学生如何学习。国外的一项研究发现，小学教师只用 3% 左右的时间向学生讲述记忆策略、学习策略以及思维策略等。而在中国传统"填鸭式"的教育方式下，掌握有效的学习策略的学生更是凤毛麟角。

总体来说，不管是农村还是城市，不管是小学生还是中学生，学习策略使用情况不容乐观。陈秀英和刘成刚的调查结果显示，中学生 8 项学习策略使用的总体平均值在 1.40—1.90 分（最高分为 3 分），各项学习策略之间相差不大（陈秀英，刘成刚，2007）。使用最多的是心境调节策略，其次是时间及环境管理策略、努力策略、复述策略、精细加工策略、元认知策略、讨论策略，最后是组织策略。还有调查发现小学生元认知策略、认知策略、动机策略和社会性策略四个维度的平均分在 2. 80—3. 10 分（最高分为 4 分），而且在学习策略及各分维度得分上，城市学生显著高于农村学生，且城市学生的离散程度略大于农村学生（杜艳芳，2010）。有研究者以城乡初中生为调查对象，比较他们在学习策略方面的差异，结果发现城市初中生在认知策略和资源管理策略两个维度上的得分高于农村初中生的得分（余亭蓉，李舒，2014）。

究其原因，一是农村学校教育条件的影响。由于城乡教育发展的不均衡，相比城市学校，农村学校无论硬件还是师资力量都明显不足，这也会不同程度地阻碍农村中小学生对知识的获取，并会限制农村中小学生良好学习策略的形成和发展。二是农村传统教学方法的影响。农村学校教育受当地经济、交通条件等影响，学校教师难以像城市学校教师那样较为便利地获取教育教学信息、灵活运用更为先进的教学方法以及借鉴较为前沿的教育教学理论，导致传统的教育理念、教学方法占据着甚至统治着农村中小学的课堂或校园，这可能是造成农村学生运用学习策略差于城市学生的主要原因之一。

由于学习策略对学生学习效果具有十分重要的影响，改善学生的学习策略具有重要的现实价值。农村中小学教师应关注教学方法的改革，联合学生家长积极培养学生良好的学习策略。

总体而言，农村中小学生，尤其是农村留守儿童表现出来的学习问题已不是个别现象，从调研情况来看，解决农村中小学生的学习问题需要教育部门进一步推进教育教学改革，并积极引导家庭的参与，发挥家庭教育在促进学生发展中的重要作用。

第三节　基于发展困境的农村中小学教师胜任特质提升对策[①]

中小学教师胜任特质的提升是由硬件设施、规章制度、人文环境、发展规划等多种因素共同作用的系统工程。要想切实有效地提升农村中小学教师

[①]　本节是由课题组对课题组成员吴姝璇的硕士学位论文《农村中小学教师胜任力发展的困境及其对策研究》和周毅的硕士学位论文《中小学教师胜任力的现状分析与提升策略研究》（论文指导教师均为项目主持人李三福）整理而成。

的胜任特质，各级教育主管部门、培训机构、学校以及社会、教师、学生等，都应该做出积极的努力，采取强有力的措施。

一、职业压力困境下的农村中小学教师胜任特质提升对策

（一）加强对学习问题学生与处境不利学生的关注，缓解教师工作压力

总体来看，目前农村中小学生在学习上存在两个突出问题：一是学习问题，如前文所述的学习动机、学习习惯和学习策略问题等；二是留守儿童较多，且缺乏良好的家庭指导。前者可称为学习问题学生，后者可称为处境不利学生，这两类学生对教师有形或无形压力的形成有直接影响。鉴于此，农村中小学应当集思广益，联合社会、家庭以及师生等，投入更多的人力、物力、财力，特别加强对这两类学生的关注，将学生的管理教育工作尽量做到实处，分担工作，进而减轻教师的工作压力，提升教师胜任特质。比如，学生学习态度不好、学习动机不强等问题，不应全部交给任课教师、班主任去处理，学校可考虑成立专门的工作组，学校教导处、政教处应协作，争取各级志愿者协会的支持，采取相应的办法，特殊情况特殊对待。同时，教育主管部门和学校可以针对留守儿童学习等特殊主题，加强对教师的培训，强化教师对留守儿童心理的关注，深化教师对留守儿童的整体了解，从而在一定程度上缓解教师的工作压力和心理压力；社会要营造关注处境不利学生的氛围，这不仅有助于问题的解决，而且有助于缓解教师压力，从而为教师胜任特质的提升创设条件。

（二）改善教师生存环境，提高教师社会地位

教师收入是其家庭生活的基础，也是影响教师社会地位的一个重要因素。当教师认为自己的综合收入在朋友亲属圈子中处于一个较好水平，就能安心工作。但调查发现，许多农村的中小学教师"身在曹营心在汉"，较大比例的教师都想过要调换工作，而较差的生活环境和工作环境是他们产生这一想法的主要原因之一。农村中小学教师人均收入并不高，许多教师抱怨工作时间长，来自学校和家长方面的压力大。为了确保教师队伍的稳定，鼓励大量优秀人才从事农村中小学教育工作，我们应当贯彻《中华人民共和国教师法》《关于做好义务教育学校教师绩效考核工作的指导意见》等法律、文

件的精神，政府部门在按时、全额发放教师工资津贴的基础上，要考虑教师的工资在社会工资结构中的水平，适当向农村地区教师倾斜，提高其工资或者津贴标准，尽可能地改善农村教师的生活环境，改善其社会处境。可喜的是，国家颁布的《乡村教师支持计划（2015—2020 年）》明确提出，要"提高乡村教师生活待遇。全面落实集中连片特困地区乡村教师生活补助政策，依据学校艰苦边远程度实行差别化的补助标准，中央财政继续给予综合奖补……在现行制度架构内，做好乡村教师重大疾病救助工作。加快实施边远艰苦地区乡村学校教师周转宿舍建设。各地要按规定将符合条件的乡村教师住房纳入当地住房保障范围，统筹予以解决"。同时，政府部门还应该主动引导社会舆论宣传，在强调教师职责的基础上，提高教师的话语权。

（三）营造尊师重教的良好风气，提高教师的自我效能感

教师的压力反应不仅是对外在压力源反应的结果，而且在很大程度上是由教师的知觉和对外界刺激的解释以及他们的应对机制决定的。调查结果表明，教师工资待遇普遍较低，虽然大部分教师对他们的工资待遇表示不满，但仍然坚持在教书育人的工作岗位上。对他们来说，物质待遇已不是工作的第一需要，教育已成为他们人生规划中不可或缺的一部分，而这一部分是无法用金钱衡量和替代的。教师已经将职业的荣誉感、责任感、自豪感与自身的幸福感紧密结合起来。越来越多的研究者在教师职业压力的研究中开始关注和运用自我效能感理论，探讨自我效能感在缓解教师职业压力中的作用（徐富明，申继亮，2003）。还有研究显示，初中教师教学效能感对积极评价、情绪宣泄、计划解决、回避、自我调控、接受责任和忽视七种压力应对策略有显著预测作用（郑有珠，2010）。自我效能感影响着教师对所从事职业的主动性和积极性、对教学工作的关注和投入程度以及在遇到困难时克服困难的坚持程度。因此，提高教师的自我效能感具有重要的现实价值。教师自我效能与教师个人因素、学校因素和社会因素密切相关。有研究发现，师生关系、学校风气和教育工作提供的发展条件三个因素对教师的个人教学效能感具有独立的、显著的影响，而学校的支持系统和教育工作提供的发展条件则对教师的一般教育效能感具有独立的、显著的影响（辛涛，申继亮，林崇德，1994）。由此可见，社会形成尊师重教的良好风气，有助于农村中小学教师提高自我效能感。

二、职业认同困境下的农村中小学教师胜任特质提升对策

教师职业认同是教师对其职业及内化的职业角色的积极的认知、体验和行为倾向的综合体。教师职业认同是在教师个体与教师职业、环境的相互作用中建构、形成和发展的（魏淑华，2008）。据此，学校凭借良好的工作环境可以使教师在思想上、情感上真正认同教师职业，愿意把自己的人生价值融入学校发展中，为提升胜任力奠定坚实的思想基础。

（一）围绕学校核心价值理念建设教师文化

教师文化的核心是得到全体教师认同的核心价值理念。这种价值理念被全体教师认同，就意味着教师将自己的工作价值融入学校的发展中，把教师职业当成实现人生价值的载体，并且群体的共同价值观又能吸引个体价值观向其靠拢，教师的"精神我"得到强化。同时，通过它对教师胜任特质具有较强正向预测作用这一特点，全面影响教师胜任特质的各个维度，从而促使教师不断提高自身的胜任特质。

高伟芳认为，教师文化是由教师主体创造、传承、享用的一整套价值观念、知识符号、语言习惯、行为方式的集合（高伟芳，2010）。共同的工作价值观不应该由管理者单方面制定，应该由全体教职工进行讨论，根据学校的历史背景、发展目标确定适合的理念，它应该是独特的、令人印象深刻的，既有时代性，又有延续性。价值理念确定后，要由此来讨论确定教师的教育语言和行为基本原则，确立行为识别标准，对内制定相应的制度来规范指导，对外要注重在社会活动中突出宣传学校价值理念，得到社会的广泛认同。此外，学校还要重视视觉识别标志的设计和宣传，可以设计鲜明的图形标识，印制在学校的校服、校徽、备课本、工作记录本、信笺等各类印刷品上。在这一方面，国内外名校的成功案例比比皆是，值得学习、参考与借鉴。

（二）增强农村中小学教师的责任心

责任心即个人对自己和学生、对校领导和学校集体、对国家和社会所负责任的认识、情感和信念，以及与之相应的遵守规范、承担责任和履行义务的自觉态度。责任心是农村中小学教师应该具备的基本素养，同时也是学校

发展与社会安定的保障。在教育教学实践中，农村中小学教师只有具备较强的责任心，才会认识到自己工作的重要性，才会有强烈的职业认同感，把学校的办学目标当成自己的工作目标，并努力为之奋斗。

具体而言，在教师层面，农村中小学教师要尊重自己。教师只有自我尊重，才能在日常教学管理以及合作中去尊重别人，才谈得上有责任心，才会对自己的职业产生认同感。责任心的缺失来自自尊的缺失，很难想象一个没有自尊的人能有很强的责任心，因此，提升农村中小学教师责任心的过程是一个让人们懂得尊重自己和尊重他人的过程。在学校层面，农村中小学校要完善工作责任制度。学校应促成自上而下的管理与自下而上的参与模式，做到定岗、定员、定职责。尽管这样做并不能直接增强员工的责任感，但可以减少学校"人浮于事"的现象，让教师的收入与劳动成正比，提高他们的公平感、满意度。在社会层面，要提高教师的福利待遇。在市场经济的大环境下，教师的生活压力普遍较大。农村中小学教师工作收入相对较低，这些收入首先要用来满足他们的生存需要，所以福利待遇肯定是教师最关心的话题之一，是影响其责任心的重要因素。在此基础上，再满足他们的发展需要（如攻读学位、参加培训等），当基本生存需要得到满足后，教师的自我实现需求就会越来越明显。此时，学校应该根据相应情况制定相应措施，来满足教师自我发展的需求。

（三）增强农村中小学教师的进取心与自信心

进取心，即不满足于现状，坚持不懈地追求新的目标的蓬勃向上的心理状态。农村中小学教师如果没有进取心，教学水平就会停滞不前。农村中小学教师教学水平之所以能够不断提升，一个重要推动力量，就是农村中小学教师拥有这只"向上的车轮"，即进取心。一个富有进取心的自我，指个体在通过其工作生活而完成特定作用的过程中，既是自我控制的又是自我屈从的（张永，2010）。提升农村中小学教师的进取心具体需要做到：（1）培养农村中小学教师的好胜心，不甘落后，勇于向未知领域挑战，用成功来证明自己的能力和才华；（2）促进农村中小学教师主动学习，培养旺盛的求知欲和强烈的好奇心，接受新事物，及时学习，更新自己的知识，提高个人能力；（3）促进农村中小学教师的自我发展，在明确学校发展总目标的基础上，引导教师制定个人的发展目标，并持之以恒地为之奋斗。

自信心是一种反映个体对自己是否有能力成功完成某项活动的信任程度的心理特性，是一种积极、有效地表达自我价值、自我尊重、自我理解的意识特征和心理状态。对教师而言，教学自信更为重要。"教学的自信是指教师对自己有能力成功完成特定教学活动的信任程度的心理特性，是教师自我调节教学活动的一个重要因素，也是成为优秀教师的自我意识激发的重要品质。"（郑友训，2006）农村中小学教师自信心的提升取决于行为成就、替代经验、效能期望、情感唤起等因素。相应地，提升农村中小学教师自信心，应该既考虑教师过去的历史经验，也要综合观察他人的成败，比如学会进入别人的视线，学会正视别人，学会当众发言，运用肯定的语气，学会坦白，做自己能做的事，学会培养自信等。当然，自信心提升的主要工作还得由教师自身的不懈努力来完成。同时，社会和学校也应该积极创造多种多样的机会，让教师有更多的机会参与社交活动，有更多的机会展示自己的才华，有更多的机会体验成功的喜悦和自豪感、幸福感，从而让更多的教师通过各种机会和渠道感悟到自己的自信心。学校领导应该积极关注农村中小学教师的自信品质，营造良好的教师成长的人文环境，促进教师的专业成长。

三、职业培训困境下的农村中小学教师胜任特质提升对策

要提高农村中小学教师胜任特质，职业培训是不可或缺的途径。从现实情况来看，农村教师职业培训存在诸多问题，亟待改进。我们认为，在当前职业培训的困境下，需要着手解决以下问题，以提高农村中小学教师的胜任特质。

（一）充分调动教师参与培训的积极性

在实地调研中，一些农村中小学校长反映，部分教师对参加职后培训兴趣不高，甚至有些教师对使用现代化教学手段存在抵触情绪，他们会习惯性地问"我为什么要参加培训"。有的校长反映，"我校的高级教师有船到岸、车到站的心态，36 岁以上的教师倚老卖老，对于新生事物不学习、不接受甚至持反对的态度"。即使在县城学校，也存在这样的情况："建校之初，老师们从农村调入县城，为了适应新的工作环境，老师们以饱满的热情来参与研修活动。随着时间的推移、年龄的增长，这种热情有所下降，存在应付了事

的现象。"

　　教师培训动因直接影响着农村中小学教师培训的效果。因此，应该积极做到以下几点。一是在管理过程中，管理者应该全面了解并把握教师培训的实际需求，善于挖掘、梳理教师参与培训的真正动因。只有这样，才能真正调动教师参与培训的积极性、主动性和创造性。二是在培训过程中，要积极了解教师的培训需求、反应、态度，不断改进培训的方式、方法，以便总结培训经验，纠正培训误区，尽量避免出现百科全书式的灌输，要让参与培训的教师从中获取更多的方法、技巧和能力等。三是通过积极的、人性化的安排，增强教师培训的主体意识和自我意识，增强参与培训教师的学习兴趣，提高其自信心、好奇心、上进心，增强其参与培训的内因，这样有助于促使农村中小学教师更好地胜任本职工作，更好地提升自己，更好地承担社会职责。四是逐步建立健全完善的培训激励机制，最大限度地调动农村中小学教师参与培训的主动性，以满足其完善自我、发展自我的愿望。

（二）培训形式应与培训内容、教师需要相匹配

　　培训形式是实现培训内容的有效载体，对于培训能否达到预期目标具有非常重要的作用。在确定培训形式的过程中，需要考虑教师培训的内容。按照现代教育学理论，教师入职后的培训内容是有阶段性的，一般划分为适应阶段、探索阶段、建立阶段、成熟阶段与平和阶段五个阶段，不同的阶段有不同的内容。概括来讲，培训内容主要体现为教师应具备的知识结构。具体来讲，分别是学科知识、教育科学知识、教学经验和文化知识等内容。

　　在培训过程中，培训形式应该与培训内容相互匹配，既注意到内容的实际性，也应当保证教师能从中收获比较先进而实用的教学理念。培训机构应切合农村中小学教师实际需求，增强培训的计划性、系统性、针对性和实效性。对此，《乡村教师支持计划（2015—2020年）》也提出明确要求："按照乡村教师的实际需求改进培训方式，采取顶岗置换、网络研修、送教下乡、专家指导、校本研修等多种形式，增强培训的针对性和实效性。"

（三）加强教师团队合作机制建设

　　任何人都不是完美的，有各自的长处和不足，总有一些工作任务是个人

无法单独完成的，需要团队的真诚合作、共同努力才能完成。良好的团队合作机制能够使团队成员优势互补，相得益彰。学校里存在着各种各样的团队，如年级组、教研组、备课组、课题组、班主任团队、班级的科任教师团队、各个处室，以及为完成某个任务而临时组建的团队。但是目前的培训中较少有如何与他人配合工作的内容，学校管理者有组建一个团队（例如组建班级科任教师团队）的粗略经验，却严重缺乏团队合作调控方面的知识。教师们欠缺团队意识，对合作的基本规则不甚明了，这就导致学校里许多团队的工作流于形式，如教研组活动仅仅是念念文章，备课组的活动就是沟通教学单元的重点、难点等。

团队合作机制的培训内容，首先是团队合作意识的培养，必须让所有成员认识到团队的重要性，个人要服从于团队；其次是团队组建的基本原则，这有赖于专家讲座和学校领导的经验总结；再次是团队成员合作的基本原则和基本流程，这需要教师的探索和总结。所有行之有效的机制都要整理成文，制定成手册发放给全体教师。学校在管理过程中，要把管理的基本对象从个人扩大到团队，例如检查讲评时具体到团队，而不是仅到个人，增加团队奖励等。

当前，教育管理部门和学校都特别重视教师的职后培训。以下是一些学校采用的教师培训措施，具有一定的借鉴价值。

案例1：湖南省永州市零陵区徐家井小学的做法。第一，"教师魅力大讲堂"的开讲。该校"魅力大讲堂"开始于2009年，由最初的领导讲课老师听讲的培训方式变为现在的大家讲堂，变为一种常态化的校本培训活动，每周分学科轮流进行培训。另外，该校还通过邀请专家来校讲座、组织观看专家讲座、报告会等形式向专家学习。第二，"教师沙龙"的开谈。2013年上学期，该校正式启动了"教师沙龙"。每次活动由8位教师上台演说，交流自己的教学故事、教学经验、管理心得、学生故事、读书心得等。第三，"学校网上论坛"的开通。借助教师博客群、校园网站、校QQ群，成立了徐家井小学网上论坛，使得校本培训突破了时空限制，学校所有教师能够更加广泛地参与进来，体现了自由性和主动性，促进了校本培训工作的普及，形成了学校人人受训的局面。

　　案例 2：湖南省永州市宁远县莲花小学开展多种形式的校本研修。该校确立了"校本研修主题化"的指导思想，集体备课、听评课、专题讲座等均围绕教学中、课堂上某一层面的具体问题，以问题解决为主线来开展教学研究。具体做法如下。一是从教师最困惑的问题入手，从教学中的小现象入手，寻找并确定活动的主题。例如，作文教学是个难点，2014 年上学期，学校语文教研组确定以"怎样上好作文指导课""怎样上好作文讲评课"为主题开展教研活动；数学教研组确定了"如何拓展学生思维能力"以及"如何上好毕业班的归类复习课"等主题教研活动。二是将主题研讨课与年级竞赛结合起来，例如开展新课程标准知识竞赛、微课竞赛、出题比赛等竞赛活动，调动了老师们参与的积极性，老师们基本上经历了组内集体备课、磨课的过程，这样也在一定程度上提高了课的质量。三是围绕主题进行评课。四是每一位教师围绕主题撰写教学反思。

　　案例 3：湖南省湘潭市茶恩寺中学确立了"教室即研究室，教师即研究者"的理念，健全校本教研制度，并以各种形式召开教学经验交流会，交流经验和做法，总结经验，探究解决问题的途径和办法。许多青年教师脱颖而出，多人次参加各级各类教学比武，取得了优异的成绩。同时，该校实施"教师形象工程"，充分发挥优秀教师表率作用，定期开展班主任培训班、班主任经验交流会、德育工作研讨会、主题活动观摩会、优秀教师表彰会和评选"最受学生欢迎的老师"等活动，加强教师队伍建设，树立教师良好形象，造就了一支爱岗敬业、作风优良、使命感责任感强的教师队伍。

四、教师评价困境下的农村中小学教师胜任特质提升对策

（一）丰富教师评价机制，确保精神激励的潜在价值

　　传统的教师评价过于保守、固定化，容易造成评价中的真空地带，比如一些学校往往评价与评聘挂钩，但恰恰有些教师对于这些事情不感兴趣，而仅仅对教学本身感兴趣。那么，在实际的教师评价过程中如何体现教师的价值以及评价的真正意义呢？这就需要教师评价关注教师的切身利益，增大教师的发展空间；要诱发教师被评价的焦虑，促使教师在适当的焦虑状态下发

展自我。

此外，农村中小学校在教师评价过程中普遍将奖励和处罚都与物质挂钩，精神激励处于一种缺失状态。这使得教育活动沦为功利性的服务或商品交易活动，不利于教师职业的形象塑造，促使教师职业陷入严重的信任危机。要避免出现这样的现象，至关重要的就是要广大农村中小学中凸显精神激励的价值，比如，荣誉称号就是一种精神激励的有效形式，应该予以提倡和推行。国务院颁布实施的《乡村教师支持计划（2015—2020 年）》明确提出要"建立乡村教师荣誉制度"，对长期在乡村学校从教的教师按照有关规定颁发荣誉证书。

（二）建立多元化的职称晋升制度，改变不合理的竞争格局

由于农村基础条件的限制，在职称评定中，与城市教师相比，农村教师会处于明显的弱势地位，如外语考试、论文发表、课题评选、奖励获得等环节，农村教师不如城市教师。在职称岗位数总体控制的情况下，农村教师的晋升之道越来越窄。因此，要按《乡村教师支持计划（2015—2020 年）》所指出的，"各地要研究完善乡村教师职称（职务）评聘条件和程序办法，实现县域内城乡学校教师岗位结构比例总体平衡，切实向乡村教师倾斜"。

同时，农村中小学教师资源失衡。例如，在调查中，有学校反映"现行的核编定岗政策使学校中高级职评指标少得可怜，严重影响了教师积极性"，这就决定了当前的农村中小学教师评价竞争格局多以内部竞争为主。从长远来看，这极其不利于良性竞争态势的形成，也不利于教师与外界的交流与合作。即便是内部的竞争也多是上级安排，下级选派尖子应付了事，显示出当下教育急功近利的竞争氛围。基于此，应该改变当前不合理的竞争格局，注重从长效机制层面去设置竞争规则，这是解决问题的根本之道。

第四节 基于教师胜任特质的农村中小学生学习质量提升对策

一、展示人格魅力，发挥教师的人格效应，关注学生的学习态度

教师的一言一行、一举一动，都是教师人格的具体体现，都在潜移默化地影响着学生。教师品德越高尚，学识越渊博，身心越健康，人格魅力就越大，对学生的吸引力也越强，教学效果也就越好。

教师的人格特征直接影响着教学效果，而且这种影响往往是及时见效的。教学过程包括教师向学生传授知识和学生学习的过程，还包括师生之间思想、情感等心理活动双向交流的过程。教师对学生的态度、情感，教师的作风和意志等都从不同侧面影响着学生的学习态度和学习质量。

案例1：D老师大学一毕业就自愿放弃了在城里教书的机会，主动去了一所乡村中学教英语，他选择英语专业的初衷，是可以在毕业之后去更需要的地方。学校师资力量不够，特别是英语教师非常短缺，学生们的英语水平普遍偏低，很多初一年级的学生还只会几个简单的常用单词，更不用说语法、音标之类了。因为英语成绩不好，大多数学生对英语也不感兴趣，上英语课不认真，甚至做其他的事，这让刚接手的D老师深感压力重重。D老师是一位热情、开朗、有耐心的老师，又是刚毕业的大学生，他很快就与学生建立起了良好的师生关系，在他的课上，学生很活跃，但对于英语的学习却没有很大的成效。D老师在教学一个月后，仔细分析了教学效果，也请教了相关的老师、领导和专家，自己总结问题，写了一份研究报告，提出解决办法。平时在课后，他会跟学生讲很多国外的事情，鼓励学生阅读英文故事，创办英语角……为了提高学生的英语成绩，他煞费苦心，多谋良策，提升了学生学习英语的兴趣，学生学习英语的态度也从以前的抗拒、不喜欢转变为现在的主动学习、不懂就问。同时，他尊重学生，平等地对待每个学生。学

生们很喜欢 D 老师，把他作为自己的榜样。学生家长和任课老师反映，D 老师任课班级的学生变得更加积极开朗，学习态度有了明显的改善，学习成绩稳步提高，学生对未来也充满信心和期望。D 老师发挥了教师的人格效应，潜移默化地影响了学生，改变了学生的学习态度，提高了学生的学习效果。

苏联著名教育家乌申斯基说："在教学工作中，一切都应以教育者的人格为依据，任何章程和纲领，任何人为的管理机构，无论他们设想得多么精巧，都不能代替人格在教育中的作用。没有教师给学生以个人的直接影响，深入到学生品格中，真正教育是不可能的。"教师的人格魅力体现在很多方面，首先，优良的品格是人格因素中最能折射出教师人格是否完美的核心因素，它体现在教师的一切言论和行为中。教师的品格在认识、情感和态度三个方面直接影响着学生。教师良好的品格有利于创造和维持一种轻松而富有活力的健康的学习氛围，影响学生对教师及其所授课程的态度以及对学校的态度。学生更倾向于喜欢性格好的教师，学生越喜欢教师，学习积极性就越高，所以教师较强的教学组织能力只有与良好的性格特征相结合，才能密切师生关系，达到情感共鸣，从而产生最佳的教学效果。因此，一位合格的教师必须为人正直，有正确的世界观、人生观和价值观，用自己的浩然正气影响学生。其次，为人师表，要有不断进取的精神。在孩子们的眼中，教师是无所不知的，是学生效仿的榜样，越是低年级的学生，对教师的言行越是深信不疑，学生固有的依附性和向师性，决定了教师首先要在仪表、生活作风及行为习惯等方面严格要求自己，做好学生的表率。这也要求教师在教学、生活中善于接受和消化新观念、新知识，不断提高自身素质，积极探索教学方法和教学艺术，勤奋好学，诲人不倦。教师不断进取的精神，对知识的不断追求，对学生有着强大的推动力，会不断激发学生刻苦学习科学知识，端正学习态度，争做社会有用之才。再次，对学生真诚的爱是人格力量的基础。情感在学习过程中起着十分重要的作用，学生希望得到教师的关心与爱，但有的教师对学生的爱不真诚，是一种任务式的爱，这反而会使学生受到伤害，破坏教师在学生心中的形象，使教师失去学生的信任。教师对学生的爱应该是真诚的、无私的、发自内心的，而不是为了做给学生看，同时，教师要让学生真实地感受到这种爱。只有以良好的感情、真诚的态度去关爱学生，才会打动学生，感染学生，才能在师生之间建立起深厚的感情，从而拉近师生之间的心理距离。因此，教师真诚的爱能够感染学生，鼓励学生，是激发学生积极向上的力量。这既是教师职业神圣之所在，更是教师人格魅力的集中体现。最后，教师的人格魅力也体现在对事业的热爱与执着。对一名优秀的教师来说，教学不只是他生存的手段，课堂也不只是知识传授的场所。教师必须对教学充满热爱之情，对教育事业充满高度的责任感，兢兢业业，具有乐于为教育事业无私奉献的精神。教师对事业的热爱与执着的精神会深深地影响他的学生，一方面可以作为学生的榜样，使他们在今后的职业生涯中爱岗敬业，另一方面，当教师对自己的工作充满热情时，这份热情也会"点燃"学生对这门学科的学习热情。因此，当教师对自己的教学充满热爱与执着时，学生也会以一种更加积极、执着的态度对待学习。

二、重拾传统家访，架起沟通的桥梁，聚焦学生的学习动机

家访是指教师对学生进行家庭访问，是为了促进学生身心健康发展，家长和教师双方积极沟通，彼此配合支持的双边活动。传统家访能够为家庭和学校搭建起沟通的桥梁，教师如实向家长反映学生在校情况，同时了解学生家庭基本信息，指导家长掌握正确的教育方法。另外，和家长建立起平等的交互关系，更容易形成家校合力。在班级管理中，单从学习成绩这个维度来看，会有一部分学生落后于其他学生。而学生与学生之间最大的差别，体现在非智力因素中，在学生的差别中占主导地位的主要是学习态度，而学生的学习态度又与家庭的氛围和家长自身的受教育程度等因素有密切的联系。所以，良好的家校合作与沟通模式，一方面可以使青少年拥有更多的情感支持与关怀，另一方面可以营造积极的文化氛围，提高学生的自我效能感。同时，家校合作能帮助家长树立正确的教育观念，走出教育的误区，可以增进家长同教师之间的相互了解，使家庭教育与学校教育保持一致。

然而，现今由于通信设备越来越普及，传统家访的概念逐渐弱化，大都是家长被班主任约到学校里谈学生的情况。虽然这里面有学生住得越来越分散，老师的工作负担较重，无法利用休息时间一一登门家访的原因，也不乏班主任懒得跑的想法。学校是教师的主场，而且家长到学校基本上是因为孩子犯错了，所以家长的心情往往是焦虑的，甚至很害怕，担心孩子被老师歧视，会被要求转学，也担心自己会受到老师的责难。诚惶诚恐到校，心情沉

重离校，或者是直接进行电话沟通和网络交流，其谈话的效果往往不尽如人意。教师和家长面对面沟通学生的状况，谈话会更具有针对性，并且易于厘清条理，逐步解决，这种方式所传达的情感是无法被现代科技取代的，所以重拾传统家访势在必行。

案例2：学生M学习态度差，上课不想听课，偶尔会发言，属"随便型"性格。M学习习惯很差，作业字迹潦草，做作业速度慢，家长常反映其在家不做作业，有时课堂测验不能完成，成绩较差。劳动积极性低，比较懒惰。成绩一直赶不上去。班主任A看在眼里急在心里，私下时常分析原因，但不得其解。班主任A怀着焦急的心情对M进行了家访，在他家，班主任A没有找到其父母，只好找其爷爷谈话，经了解班主任才知道，M的父母因感情不和，都外出打工了，留下M一人在家，M只好生活在爷爷奶奶的身边。爷爷奶奶年纪较大，又加上M是独生子，在生活上对M百依百顺，要什么给什么，在学习上却是不闻不问。知道这种情况后，班主任A加强了与家长的交流，顺利搭建起家校沟通桥梁，同时在校对M更加关心，在课堂上时常提醒M注意听讲，鼓励他大胆发言，即使回答错了，也不批评和嘲笑他。课堂上多给M发言的机会，让他学会对老师所讲内容提出意见，也让他就某一问题展开讨论，提出自己的看法，并及时给予肯定和鼓励，哪怕只有点滴进步。经过长期的转化，M在各方面有了很大的进步，上进心增强了，对自己充满了信心，学习态度、学习习惯等都有了很大的改进，与同学、老师的关系也融洽了许多，整个人的精神面貌也有了很大的改观。

在上述案例中，学生M各方面表现都不尽如人意，学习懒惰没有上进心。但班主任A并没有放弃他，而是给予M更多的爱和鼓励，让M强化学习动机，终于取得巨大的进步。但A老师的教育模式不是那么容易学的。首先，这要付出大量的时间。A老师每带一届新生，都会在新生入学一个月内全部进行一次家访，50多名学生，至少要20个晚上。之后的每个学期还有一定量的家访，课余时间还有各类谈话，这些零零碎碎的时间累积起来是个很大的数字。此外，教师还要投入大量精力。教师要随时关注孩子的动态，亲自观察，借助学生和科任老师的观察，琢磨孩子行为背后的想法，采取相应的教育行动。长年累月这样耗费心神的事对教师是一个巨大的精神负担。

同时，为了拉近与学生的距离，引导学生上进，教师往往要自己拿出一部分钱用于奖励学生。学校没有这项开支，教师就自掏腰包，每年都要以千元计算，这些钱虽然不会对教师生活造成影响，但是每年的自费"奖励"也不是每个教师心甘情愿接受的。在现实生活中，许多教师凭着一腔热情去教育学生，最后却事倍功半，足以看出掌握适当的教育方法是十分必要的。

首先，教育是心灵的艺术，教师应该尊重每一位学生，以人为本。如果我们承认教育的对象是活生生的人，那么教育的过程便不只是一种技巧的施展，而是充满了人情味的心灵交融，这样老师才会产生热爱之情。心理学家认为，"爱是教育好学生的前提"。对于 M 这样的后进生，A 老师放下架子亲近他，敞开心扉，以关爱之心来触动他的心弦。"动之以情，晓之以理"，用师爱去温暖他，用情感去感化他，用道理去说服他，从而促使他主动改变行为。

其次，教师要重视情感的影响力。人的行为是被理智和情感所左右的，情感上的亲密信任有利于教育教学的开展。亲其师信其道，就是这个道理。初中学生其实是单纯的，他们的行为很多时候是被情感支配的，他们喜欢一个老师，就会全盘喜欢，老师怎么批评都能接受，而且继续喜欢他。反之，如果他们不喜欢某位老师，就会厌烦这门学科。如何才能受到学生喜欢？要真正关爱学生，为学生着想，关心学生的成长，而不是考虑自己的学科成绩排名，不是考虑是不是给自己增加了工作量。学生从老师的言谈举止，甚至语调表情就可以感受到老师内心的真正想法。A 老师在教育 M 时，从来没有因为他学习不好而嫌弃他，反而经常请他回答问题，时常鼓励他，这样有爱心的表现自然被 M 所感受到，M 也自然视其为第二个妈妈，听从 A 老师的教诲。

再次，教师应是学生的良师益友，对学生宽容以待。在高年级学生群体中，绝大部分学生不喜欢老师过于直率，尤其是批评他们时，学生会因教师太严肃而接受不了批评。因此，教师应和学生从交朋友做起，让他们感受老师对他们的信任，感受到老师是自己的良师益友，感受到老师给自己带来的快乐。让他们在快乐中学习、生活，在学习、生活中感受到无穷的快乐！古人云，"人非圣贤，孰能无过？"应"宽以待人，容人之错"，采用灵活委婉的方法教育学生，鼓励学生，这样既能保护学生的自尊心，又能促进师生的情感交流，尤其是在转化后进生的工作中就能事半功倍。

最后，重视家庭的情感作用。每一个后进生的实际情况是不同的，必然要求教师深入了解，弄清学生的行为、习惯、爱好及后进的原因，从而确定行之有效的对策，正确引导，因材施教，而这要求教师和家长深入沟通。M的情况比较特殊，主要是由家长溺爱、家长教育方式不当等原因引起的。因此，可以改变家长教育方式，搭建家校沟通桥梁，用关爱唤起学生的自信心、进取心，使之改正缺点，然后引导并激励学生努力学习，成为品学兼优的学生。

这个案例表明了家访的重要性，A老师通过家访全面了解了M的家庭情况，最后分析出M学习不上进等问题的症结所在，对症下药。家庭和学校之间形成有效的沟通模式，才能使教师和家长的教育手段都遵循受教育者的身心发展规律，所以家访应该成为教师一项经常性的工作。

三、完善教师素质结构，强化学习策略教学，重视学生的学习效果

党的十七大报告明确提出"加强教师队伍建设，重点提高农村教师素质"，"发展远程教育和继续教育，建设全民学习、终身学习的学习型社会"。在当今时代背景下，新知识、新技术层出不穷，广大教师特别是农村教师必须不断学习，不断充实自己，树立终身学习的理念，拓宽知识视野，更新知识结构和教育观念，改进教学方法，不断提高教学质量和教书育人的本领。教师素质结构的完善，关键要进一步提高教师的学习策略和教学素养。掌握学习策略是学生学会学习的根本标志。当前，我国基础教育课程改革的重中之重便是教会学生学习，学习策略教学的任务已经非常现实地摆到每一位教师尤其是从事基础教育的教师面前。因此，必须下大力气抓好教师队伍素质特别是农村教师队伍素质建设，完善农村教师的素质结构，只有这样，才能引导学生养成良好的学习习惯，掌握适合自己的学习策略，提高认知能力和学习效果。

提高教师的自身素质，可以从以下几个方面着手。

第一，加强自身知识储备，提高文化素养。常言道，"要给学生一杯水，教师应有一桶水"。现代社会是一个学习型社会，而新一代的学生在知识面、社会实践、交往能力以及接受新事物方面与以前的学生相比有很大的不同，

面对他们，教师难免会觉得自己在知识或信息的获取方面有些滞后。因此，教师更应该树立终身学习的理念，不断更新知识内容，及时掌握新知识和新技术，适应不断发展变化的科学技术的需要，适应新一代学生的知识面与学习能力的变化。这就要求教师一方面要学习学科专业知识，深刻钻研理解教材，不仅能把学科知识传授给学生，更有能力把学习这门学科的方法与策略教给学生；另一方面，教师要不断更新自己的知识结构，学习掌握本学科之外的新知识，不断开阔视野，拓宽知识面。

第二，加强教育理念学习，转变教学方式。教育具有科学性，教师只有遵循教育工作规律，才能把教育教学工作搞好。教育学、心理学及各学科有大量关于教学法的知识，随着时代的发展和社会的进步，有些理论知识已不适应现代教育的要求，同时又有很多新知识、新情况、新问题出现，这就要求教师不断学习新的教育教学理论，掌握正确有效的教育教学方法，提高教育教学质量和效率。根据维果斯基的"最近发展区"理论，教育要走在发展的前面，帮助学生树立适当的学习目标，这一目标既不能高不可攀，又要有一定的难度。教师在教学中可以创设丰富多样的教学场景，激发学生的学习兴趣，以此调动学生学习的主动性和积极性，提高教育教学质量和效率。教师在处理与学生的关系时，既要与学生平等相处，乐于做学生的朋友，也要成为他们的榜样，通过言传身教来引导学生树立正确的价值观，养成良好的品德。在学习教育理论知识的同时，教师还要注意理论与教育教学实际的结合，培养自己把理论应用于实际的能力，使教育科学理论真正能被运用到教学中，发挥实际效用。

第三，改变传统观念，争当教育教学的研究者。传统意义上的教师只是"教书匠"，而现在的教师则要成为教育教学的研究者。这就要求教师必须具备教育科学研究的基础知识和基本方法，了解基本的研究程序，运用相应的研究方法对学习策略的学习与教学进行具体研究。同时，教师还应具有对自身教学进行反思研究的能力，能从学生对教学策略的学习和效果等角度综合评价自身的教学，总结经验教训，不断提高教学质量，进一步对自己所运用的学习策略教学知识进行补充和修正。

第四，紧跟时代潮流，拓宽学习途径。在信息化的今天，学会利用网络信息资源进行学习，是教师的一种基本素质。教师要自觉促进信息技术与学科课程的整合，运用现代多媒体教育技术辅助教学，开发教学资源，充分发挥信息技术的优势，为学生的学习和发展提供良好的教育环境和有利的学习工具。同时，教师要在现代信息技术环境背景下研究学生学习的特点及规律，探索在新的教学模式下提高学生思维水平以及解决问题能力的方法。因此，紧跟时代潮流，掌握和运用现代教育技术，是教师提高自身素质的又一个重要方面。

第五，坚持组织教师继续教育。学校要重视对教师的继续教育，要组织教师去其他优秀的兄弟学校或者高等院校进修学习，鼓励、支持教师参加各种教研活动，为教师提供良好的工作环境和不断进步的机会，帮助教师提高工作效率。农村教师所处的环境相对来说更加闭塞，更需要有这种不断学习进修的机会和条件。

当今时代是一个高速发展的时代，知识和高科技的发展在改变人类生存方式的同时，也在改变人类的教育方式。时代的发展对劳动者的科学文化素质要求相应提高，大力发展现代教育，需要教师不断提高自身的素质，更新教育教学观念，选择适合时代需要和学生自身发展的教学方式，更新教育教学策略，满足各类学习者学习的需要，提升学生学习效果，从而为建立学习型社会、提高全民族的科学文化素质创设条件，为实现中华民族的伟大复兴奠定坚实的基础。

四、理解和尊重学生，营造良好学习氛围，激发学生的学习兴趣

教育学人夏丏尊说："教育之不能没有爱，犹如鱼塘之不能没有水，没有爱就没有教育。"教师对学生的爱，不仅体现在课堂上精心准备的授课，更体现在课后与学生相处过程中对他们的理解与尊重。理解是尊重的前提，没有理解，尊重就无从产生，只有尊重学生，才能与学生融洽相处。农村学校中有许多留守儿童，与父母感情交流的缺失使得他们性格偏于内向孤僻，但他们在内心深处仍渴望得到教师的理解和信任，这就需要农村教师给予他们更多的关注、理解和尊重。要做到对学生的理解与尊重，首先必须尊重学生的人格。教师必须把每一个学生都看成独特而有价值的人，要知道他们能够自己思考和表达，要相信他们能够积极改善自己的行为。其次，必须建立平等的师生关系。教师与学生在教育活动中扮演的角色不同，承担的责任也

不同，但就人的价值和尊严而言，学生与教师是平等的。教师要公平对待每一个学生，无论他们的个性有多大差异，成绩有多大差距，教师不能因个人喜好去偏爱某一部分学生，而歧视另一部分学生。再次，教师要倾听学生，走进学生内心。教师要把自己当作学生的朋友，走进学生的情感世界，去感受学生的喜怒哀乐。当学生最需要爱护、理解、鼓励、安慰和引导时，要把握最佳的时机与他们进行良好的沟通。这样，师生之间就会形成彼此信任、尊重、接纳、理解的关系，如此一来，任何教育活动都会调动学生兴趣，为学生所接受。

为了促进学生积极主动地学习，保持健康的心理状态，创设一个良好的学习氛围尤为重要。心理学研究与教学实践证明，在轻松、愉快、活泼的氛围中学习，不仅可以增强记忆力，而且有助于思维的发散与潜力的挖掘。相反，如果课堂气氛沉闷、压抑，学生就会失去学习兴趣，降低学习热情，学习效果就会削弱。良好的学习氛围不仅包括干净、整洁、舒适的外部环境，还包括积极向上、勤奋努力的学习气氛与和谐融洽的人际关系，而人际关系又包括学生之间团结友爱和师生之间和谐共处，因此，必须将这三者结合起来，共同建设。理解与关爱学生是营造良好学习氛围的前提，在这个基础上，教师还需要采用各种方法，使学生积极主动地参与到教育活动中来，让他们在课堂上活跃起来，从而使其健康愉快地发展。现在农村中小学课堂中仍是"包办式"课堂占主流，教师"填鸭式"教学，学生机械式记忆，教师在讲台上讲得唾沫横飞，口干舌燥，学生在底下听得费劲劳神，精疲力竭，这显然不是一种良好的学习氛围。首先，教师应该将"以教师为中心"的教育观念转变成"以学生为中心"，确立学生的主体地位，不能只管自己如何教，不管学生如何学，把学生当成被动接收知识的机器。这样，不仅挫伤学生的积极性，而且不利于学生创造力和潜能的发挥。因此，必须把学生看成学习的主人、发展的主体，把主动权交给学生。在课堂教学中，教师应该采用亲切和蔼的语气一步步启发、点拨、引导学生，鼓励他们积极思考、踊跃发言，培养学生敢于提问、敢于质疑权威的精神，并且及时给予表扬。其次，树立竞争合作的学习氛围。良性竞争能够激发人的内驱力，增强集体的凝聚力，碰撞出智慧的火花。可以让学生结为合作、竞争伙伴，在合作中学习、在竞争中进步，在超越他人的同时不断超越自我。再次，教师要在课堂上采取各种方法有效控制课堂，激发学生的学习兴趣，让学生在愉悦的气氛中学习，唤起学生强烈的求知欲望，提高教学效率。兴趣是内在的求知动力，只有学生对学习的内容感兴趣，才会产生强烈的求知欲望，自动调动全部感官，积极主动地参与教与学的全过程。心理学的研究表明，兴趣来源于需要。人对外界事物需要与否和需要的强烈程度，决定着兴趣的有无和兴趣的浓厚程度。这说明，只有让学生切身感受到对所学内容的需要，激起他们的好奇心，才能使他们对学习内容产生强烈的求知欲望，自动投身于学习之中。这需要教师精心备课，从教学内容到教学方式都能对学生产生强烈的吸引力。教师能够采用的方法有很多，如创设富有情趣的问题情境，把问题隐藏在情境中，巧设悬念，勾起学生的好奇心，激发他们强烈的求知欲望；设计一些具有趣味性和开放性的练习，让学生通过练习，提高学习兴趣；开展生动有趣的游戏活动，把游戏同教学内容结合起来，寓教于乐，诱发学生学习动机；提供动手操作的实验机会，比起单纯的口述讲授，给学生更多的机会让他们动手感受，将更加生动、直观、形象，也更有助于加深学生对知识的理解，延长知识在记忆中保存的时间；在实践中让学生体验学习与日常生活的联系，让知识贴近生活，让学生感受到对知识的需要，激发学生学习的积极性、主动性。总之，通过巧妙运用各种方法和手段来激发学生的学习兴趣，促使他们产生强烈的求知欲，就可以达到事半功倍的效果。

五、关注个体差异，满足学生不同学习需要，提高学生的学习动力

学习动力是指引起、推动和维持学习者进行学习活动的内在力量，是影响学生学习活动的重要因素，它不仅影响学习的发生，而且还影响到学习的进程和学习的结果。学习需要是影响学习动力的重要因素之一，教师应根据学生的学习需要来进行教学活动。因此，为了提高学生的学习动力，必须关注学生之间的个体差异，因材施教，满足学生不同的学习需要。

《基础教育课程改革纲要（试行）》指出："教师应尊重学生的人格，关注个体差异，满足不同学生的学习需要，创设能引导学生主动参与的教育环境，激发学生的学习积极性，培养学生掌握和运用知识的态度和能力，使每个学生都能得到充分的发展。"这里的个体差异指的就是个人在认识、情感、意志等心理活动过程中表现出来的相对稳定而又不同于他人的心理、生

理特点。它表现在质和量两个方面，质的差异指心理、生理特点及行为方式的不同，量的差异指发展速度的快慢和发展水平的高低。学生的个体差异主要体现在以下几个方面。一是智力差异。心理学家把智力定义为个体处理抽象概念、学习、解决问题以及适应周围环境的一般心理能力。从心理发展的角度来看，每个正常儿童智力发展的趋势是相同的，但他们的智力发展所达到的水平、智力的优势以及智力发展的阶段并不相同。也就是说，儿童在智力水平、智力类型、智力成熟时间的早晚上存在个体差异。二是认知风格差异。认知风格是指个体习惯的加工信息的方式，常见的认知风格有三对：场依存型—场独立型、冲动型—沉思型、深层型—表层型。根据学生的认知风格进行教育可以取得良好的效果。三是学习能力差异。学习能力是指学生在学习活动中表现出来的能够提高学习活动成效的各种能力的总和，主要包括两大类：一类是适应认知活动需要而应有的各种智力活动能力，称为认知性学习能力；另一类是适应教学活动中交往活动需要的各种能力，称为"交往性学习能力"。在课堂教学中，这两种学习能力都可能存在较大的个体差异。

学生的个体差异客观存在，不以人的意志为转移，面对这些差异，用统一的标准来要求学生，用统一的进度来教育学生，用统一的目标来规范学生，只会使学生失去个性，磨灭他们的创造力，打击他们的学习热情。因此，正确的做法应该是关注个体差异，尊重差异，把差异当作一种有效的资源来开发。教师需要用心来观察每一个学生，挖掘他们身上的潜能和闪光点，教他们如何扬长避短，因势利导，找到自信，从而提高学习动力。因此，在课堂上，要根据学生的不同情况进行分级教学，达到不同的目标，让每一位学生都能够有所收获。也就是说，在同一堂课上，不同水平的学生有自己要解决的不同层次的问题，都能在自己现有的基础上再往前迈进一步，得到新知识，通过自己的思考有所提高，得到发展。那么，如何才能使这个标准划分得当呢？这就要求教师正确地把握每一个学生的情况，找到他们的最近发展区，有针对性地对不同的学生提出不同的要求，采取相对应的教学方法，根据不同的学习需要，让每个学生都能找准适合自己的学习路径。这样一来，低水平的学生不会因为目标过高产生畏难心理而失去学习动力，高水平的学生不会因为目标太简单而骄傲自满，丧失学习兴趣。充分发挥每个学生的主动性，使他们乐于学习、勤奋学习，这就是人们所说的"因材施教"。让高水平的学生"学得精"，中等水平的学生"学得好"，水平低一点的学生"学得了",每一位学生都能有所学,有所得。

在当前农村中小学教育教学中,存在着这样的一部分学生,他们在学习上缺乏动力,学习成绩并不理想。对于这种类型的"学困生",教师想要"转困",首先必须剖析原因,对症下药。学习困难的原因可能是因为学习目标不明确、本身基础比较差、自制力不强、学习方法不当等。成因不同,转化的方法自然各不相同。教师要深入地了解学生内心真实的想法,全面掌握他们的才能特长、兴趣爱好、性格特点、理想追求等,再将这些信息综合分析,找到学生学习困难的症结所在。冰冻三尺非一日之寒,"学困生"也不是一天形成的,他们学困的成因是多面、复杂而又长期的,绝不能草率下定论。同时,对待学困生还需要极大的耐心与爱心。相对其他学生,"学困生"的自尊心更强,内心强烈渴望老师、同学的信任和理解。因此,教师可以从情感方面入手,加大师生之间的交流沟通,用真诚与宽容来消除师生之间的隔阂。给他们提供表现的机会,使他们得到成功的体验,切实感受到自身的每一点进步,增强自信心,提高学习动力。在教育教学过程中,整体育人、全面育人是每个教师都应当树立的观念,要对每个学生负责,转化一个差生和培养一个优等生同样光荣,将教育落到实处,让每个孩子都能平等地享受教育的明媚阳光,让每个孩子都学习出彩、生活精彩。

第八章 中小学教师胜任特质与学生学习质量研究的反思与展望

教师胜任特质作为教师专业发展的核心要素,不仅是教师专业发展的基础,而且是影响学生学习质量的重要因素。因此,一个普遍适用的胜任特质模型必然对教师提出一定的标准化要求,从而对教师专业发展起到有效的促进作用。然而,过去十几年来,相关领域的研究成果虽多,但在一些重要方面还远远未取得一致性结论,这为今后教师胜任特质与学生学习质量之间关系的研究带来了巨大的机遇和挑战。

第一节 中小学教师胜任特质研究的反思与展望

一、教师胜任特质的定义存在争议

对教师胜任特质与学生学习质量之间关系的探讨,从研究逻辑上看,必须从核心概念的界定开始。然而,教师胜任特质并未有一个公认的普遍性定义,具有一定代表性的观点有以下几种。

奥尔松与怀特认为,教师胜任特质指能使教师成功实施教学的专业知识、专业技能和专业价值观,是教师的个体特征(Olson, Wyett, 2000)。

有研究者提出,教师胜任特质是指教师的人格特征、知识和在不同教学背景下所需要的教学技巧及教学态度的综合(Tigelaar, Dolmans, Wolfhagan, et al., 2004)。

徐建平认为,教师胜任特质是指在学校教育教学工作中,能将高绩效表现的教师与普通教师区分开来的个体潜在的特征，主要包括能力、自我认识、动机以及相关的人格特点等个人特征（徐建平，2004）。

邢强和孟卫青认为，教师胜任特质是教师个体所具备的、与实施成功教学有关的一种专业知识、专业技能和专业价值观（邢强，孟卫青，2003）；曾晓东认为，教师胜任特质是指教师知道的（知识）、能做的（技能）、信仰的（价值观）具体内容，它直接影响教师的教学成绩，但它并不指这些因素的作用效果（曾晓东，2004）。

马红宇等人提出，教师的胜任特质是指中小学教师在各种教育情境中取得期望绩效所需具备的知识、技能、态度、特质和动机等个人特征。教师胜任特质具有三个方面的特点：（1）教师胜任特质与教师的绩效表现紧密相关，能够预测教师未来的工作绩效；（2）教师胜任特质与教师的职业和工作特点相联系，反映的是教师这一特殊职业对任职者能力素质等因素的要求；（3）教师胜任特质能够将绩效优秀者与绩效平平者很好地区分开来（马红宇，唐汉瑛，汪熹，等，2012）。

李晔、卢静怡和鲁铱认为，教师胜任特质是优秀教师所具备的、与成功教学和促进学生人格发展有关的所有潜在特征的总和，包括知识技能、动力系统、人格特征等所有使之区别于普通教师的特点（李晔，卢静怡，鲁铱，2013）。

从上述教师胜任特质定义的发展来看，研究者对教师胜任特质的理解有诸多共同之处，如，都认为教师胜任特质应该包括与实施成功教学有关的专业知识和专业技能等。同时，也存在一些争议，如教师胜任特质中，一般的人格特征是否是必要的成分，抑或教师的工作态度、动机和价值观等与教师职业相关联的动力系统才是必要的成分等。这些争论隐含的假设是教师个体内部存在着与他人具有共同性的人格特征，且其中的某些部分是与教师职业表现相关联的。实际上，个体的人格是一个整体系统，人们很难从人格的角度将教师的工作特质和生活特质区分开来，即不能区分出教师的"工作人格"和"生活人格"。但如果将教师的人格整体作为胜任特征的内容之一，又会碰到另一个难题，即如何从一般人格特征上区分哪些类别的个体适合教师职业？回答这个问题，恐怕还需要对"不胜任教师"的人格进行探讨，而不是同目前的研究思路一样，仅对在职教师进行研究。

另外，教师胜任特质是用来界定能否胜任教师工作的一般普遍的个人特质和将绩优教师和普通教师区分开来的特殊标准。在国外研究者对教师胜任特质有代表性的界定中，均没有涉及区分绩优教师和普通教师的含义。国内研究者近年来则提出教师胜任特质应该特指优秀教师的潜在特征总和，这就对胜任的概念做了一定的拓展，暗含着绩优与普通存在着质的差异。实质上，"competency"本意是指能力，教师胜任特质本意就是与教育教学有关的能力水平。能力水平的高低本身就可以预测教师工作表现的优劣，以绩优与普通来界定教师胜任特质难免会犯以特殊代替一般的错误。例如，我们很难说，普通教师的胜任特质就不是教师胜任特质。作为一般规律研究，我们认为，存在一般的教师胜任特质，只不过绩优教师的胜任特质水平要高于普通教师，这也是大多数研究者所达成的共识。

二、教师胜任特质的成分或类别尚未统一

由于研究者对概念内涵的理解不一，他们对教师胜任特质的关注点也有所不同。在近十年的相关研究中，教师胜任特质的研究涉及各类纷繁复杂且不一致的方面，此处仅以我国近年来的中小学教师胜任特质研究为例，就可以粗略看出这种混乱局面的存在。

徐建平运用自编的"教师胜任力测验"，研究中小学教师胜任特质，发现优秀教师的胜任特质涵盖进取心、责任感、理解他人、自我控制、专业知识与技能、情绪觉察能力、挑战与支持、自信心、概念性思考、自我评估、效率感共11项特征；教师共有的胜任特质包括组织管理能力、正直诚实、创造性、宽容性、团队协作、反思能力、职业偏好、沟通技能、尊敬他人、分析性思维、稳定的情绪共11项特征（徐建平，2004）。

雷鸣采用自编"广州市中学教师胜任特征问卷"展开研究，发现教师胜任特质主要包括职业素养、关注学生、教学与管理技能和人际沟通四个方面的成分（雷鸣，2007）；寇阳运用"中学教师课堂行为观察表"进行研究，发现了教师课堂行为中的课堂互动、教学机智、教学态度、教学进程控制、教学境界和总体评价六个方面的教师胜任行为特征（寇阳，2007）；刘立明通过自编"上海高中教师胜任特征调研表"，发现上海市高中教师具有人际沟通能力、班级管理能力、情感道德能力和教育教学能力四个方面的主要胜任特质（刘立明，2008）。

王强编制"教师胜任行为指标体系"，将学科体系的熟练程度、学科融

为学生实践理解的促进力、学生心理的理解与引导力、教育技术与教学的整合度、多种评价手段灵活掌握度、课程深度开发与实施度、多种教学环境营造与调控力、专业承诺与组织融入度、专业实践反思与研究力九大指标作为教师胜任特质的基本成分（王强，2008）。

王莹彤利用"中学科任教师胜任特征问卷"，确定了教师胜任特征的类型，即鉴别性胜任特征、基准性胜任特征、选择性胜任特征，并以个人特质、理解他人、动机取向、影响他人、信息加工、学习发展作为中学教师胜任特征的主要成分（王莹彤，2009）；关旎彦采用"中学教师胜任特征集中度调查问卷"，发现了职业素养、关注学生、教学及管理技能、人际沟通与情绪管理四类教师胜任特质（关旎彦，2009）；成鹏运用自编的"小学教师胜任特征问卷"进行研究，发现了责任心、主动性、积极学习、沟通合作、宽容和教学组织管理六个方面的教师胜任特质（成鹏，2009）。

胡娜在徐建平编制的"教师胜任力测验"基础上，修订了该问卷，问卷最终的结构包括个人特质、关注学生、专业素养、职业偏好、建立关系、人际沟通、信息搜集、尊重和理解他人等（胡娜，2010）。

吕建华采用行为事件访谈法，参照中学教师胜任素质词典，确定中学教师胜任特征维度为：个性特征、职业态度、构建师生关系和教学管理等（吕建华，2011）。

马红宇、唐汉瑛、汪熹等人采用自编"中小学教师胜任特征问卷"对824名中小学教师展开调查，建立了一个涵盖教学技能、个人修养、个性特质、职业态度、学生观念和专业知识六个要素的中小学教师胜任特质模型（马红宇，唐汉瑛，汪熹，等，2012）。

胡颂自编"中小学教师胜任力初测量表"，调查了重庆市695名中小学教师，发现教师胜任特质的六个因素分别为：教师成就动机、教师个人特质、关注学生、教师情绪智力、教师认知能力、教师管理能力（胡颂，2013）。

以上是近年来有关该主题的代表性研究。另外，还有一些以不同教师群体胜任特质为对象的研究，关注心理健康教育教师、体育教师、中小学班主任、信息技术教师等教师群体的胜任特质。

综观上述中小学教师胜任特质类型或成分的研究，我们发现存在以下三个值得进一步深入思考和探讨的问题：一是采用的工具和方法不统一，除一般性的行为事件访谈法和胜任力词典法之外，研究者几乎都采用了自编的问卷进行调查，而这些问卷之间的差别非常之大，究其原因，是由于在不同的研究者之间几乎不存在一致的胜任特质理论标准；二是关注的侧重点不一样，有些研究者的出发点是教师"是什么"，如将个人特质作为胜任特征的研究者，而有些研究者的出发点则是教师"做什么"，如将课堂互动、人际沟通能力纳入胜任特质的研究者；三是结论存在巨大差异，已有研究中有的可发现22项特质，有的则只有4类特质，大多数为6—8项特质，其原因可能在于研究者未能区分维度、特质及表现间的关系，如同胜任特质的"洋葱"模型所假设的，不同的研究者所发现的可能仅仅是"洋葱"的不同层级而已。

三、教师胜任特质的发展研究不足

国内近年来的研究，包括本研究在内，绝大多数停留在不同学校层次、不同学科教师胜任特质的模型建构及现状描述上，是一种静态的研究。如同有学者所批评的，"尽管'胜任力'的概念是在批评'智力测量'脱离专业实践的基础上应运而生的，但仍然残留太多心理学'智力'概念的影响，建立的胜任力模型大多千篇一律、脱离具体专业而过于笼统，导致在实践中常常中看不中用"（王强，2008）。

以往的研究逻辑虽然有利于人们澄清教师胜任特质的成分或类型，对筛选有能力进入教师行业的人员和评价教师的日常工作表现具有一定的帮助。但从另一方面看，"特质"本身就带有相对稳定性的含义，如同"能力"一样，是在长期的实践经验中形成的，似乎并不容易通过外部因素的变化，如学习和培训等给个体带来迅速的改变。这就容易让人产生一种印象，"特质"是个体身上所固有的，至少是职前就存在的，不易在职后的工作中形成，尤其是那些与工作有关的人格特质。

因此，我们需要考虑教师专业发展与教师胜任特质间的关系。教师专业发展的历程，是教师不断接受新知识，提高专业技能的过程，是教师的职业理想、职业道德、职业情感、社会责任感不断成熟、不断提升、不断创新的过程，同时，也是一个动态变化的过程，具有阶段性、连续性和发展性的特点（张丽萍，2014）[90-91]。以下问题尚需探讨：教师专业发展与教师胜任特质提升存在哪些不同？二者的关系是交叉、包含还是被包含？从时间序列看，职前教师教育和职后教师培训对专业发展和胜任特质发展分别起什么作用？

综观近十年来的教师胜任特质研究，研究者们从概念的内涵和外延、模型、测量和评价等方面奠定了较为坚实的基础，但同时也存在一些重要而又有待解决的问题。未来教师胜任特质研究，可以从以下几个方面深入考虑。

（一）处理好教师胜任特质研究中的一般和特殊的关系

一般是指教师群体区别于其他群体的特质，这是教师职业所特有，而其他群体所不具有或少有的特征，但在教师群体内，无论教师的学校层次、任教学科还是所从事的具体工作（如班主任）如何不同，这些特质都应该是共有的，是教师最为普遍的胜任特质。特殊是指在教师群体内，存在着学校层次、学科类别以及具体工作间的区分，不同类别的教师除具有教师群体共有的一般胜任特质之外，应该还具有自身所在类别教师的独有胜任特质，以与其他类别教师进行区分，如心理教育教师和数学学科教师间的胜任特质应该在某些方面存在不同。

（二）处理好教师胜任特质行为中潜在和表现间的关系

教师胜任特质实质上"是一种假设的构念，其在教师教育和职业生涯中得到发展并逐渐成为教师人格的一部分"（Gläser-Zikuda，Fuβ，2008）。这种假设的构念，指的是内在心理特征，而不是外在行为表现。在许多研究中，研究者将教师外在表现与内部潜在的心理活动相混淆，共同作为教师胜任特质的成分，如将专业素养和信息搜集并列，将教学组织管理、积极学习和责任心、主动性等放在同一层次。进一步的研究应该从教师行为表现当中反推或抽取这些行为背后的决定因素，而不是混淆二者的逻辑层次关系。

（三）处理好教师胜任特质内容中类别和成分间的关系

该关系可借鉴人格心理学中特质理论所提出的表面特质和根源特质的划分依据，多个具有关联性的表面特质群可构成一个根源特质，也是一种特质类。以往的研究者多用特质群或维度代表某类胜任特质，但并未充分列举该维度所涵盖的具体特质。也有少量研究者列举了许多表面特质，如徐建平（2004）的22项特质，而这些特质实质上可以进一步聚类简化为特质维度或类别。例如，自信心、自我控制、自我评估都属于自我维度；宽容、协作、尊敬他人、沟通技能则都属于人际交往维度；正直诚实、进取心、责任感则都属于道德品质维度等。因此，进一步的研究可考虑构建教师胜任特质的成分与类别模型，以对应特质理论中的"冰山"或"洋葱"模型。

（四）处理好教师胜任特质发展中的静态和动态的关系

教师胜任特质模型建构和现状描述属于典型的静态研究，它回答的是"教师胜任特质目前是什么样子？由哪些因素构成？多数教师处在哪个水平上？"但不能回答"教师胜任状况会变成什么样子？哪些方式方法有助于提升教师胜任特质？"未来的研究需要处理好静态与动态的关系、稳定性与发展性的关系，探讨影响教师胜任特质发展的主要因素，并在静态研究的基础上构建教师胜任特质发展的动态模型。

第二节　中小学生学习质量研究的反思与展望

一、"质"化还是"量"化？

"质量"一词在管理学中，被定义为事物的一组固有特性满足要求的程度。固有特性，意味着该事物具有区别于其他事物的本质属性，即质的规定性；程度，意味着该本质属性具有层次高低之分，可以量化，即量的规定性。此概念引申至学习领域，即可以将学习质量理解为学生学习结果的质和量。学习的结果通常表现为行为，如认知领域的解题活动、品德领域的交往活动、动作技能领域的体育活动等。学生学习的结果是否达到一定的要求和标准，是人们判断学习质量高低和优劣的外在准则。这种外在准则的制定和应用，则涉及学习质量的评价。

通常，在日常的教育教学活动中，人们需要评价学生到底学了多少，学得怎样，也就是从量（多少）和质（怎样）两个方面对学习结果进行评价。现行的绝大多数教育评价方式，都是采用定量的方式，几乎所有的教育测验都含有定量的成分，如，考查学生记住多少要点、能正确拼写多少字，能解决多少计算题等。但实际上，现实中也有大量的学习结果很难从量上来评价，如学生的品德表现。即使是在知识领域，大量论文式的或开放式的试题评分，只是从理论上说是定量的，其普遍方法是，依据答案的相关知识点数来给分，或者将分数转化为一种等级：优秀、良好、合格、不合格等。严格说来，对这些论文式和开放式试题答案的评价，只能做出"怎样"而不是"多少"的判断，即定性评价或质性评定。

然而，虽然学者和教育工作者们都认为质性的评价十分重要，但事实上人们在进行质性评价时使用的方法通常都比较主观，如上所述，将个人的主观分析进行量化并纳入最终的评分，没有从学生发展需要的角度来进行说明，是想当然地进行质和量之间的转化。

二、"目标"导向还是"内容"导向？

自布卢姆提出教育认知领域的目标分类以来，其"知道、理解、应用、分析、综合、评价"的六层次认知目标分类体系被广泛应用于各门学科的教学大纲之中，以此为出发点的教学设计和评价，对提高我国中小学的教学质量起着积极的推动作用。

然而，这一目标分类体系存在较大的局限性，因为它对学习结果的分类是"先验"的，它事先已经界定了学生学习的质量，事先已设计好教学的目标。"无论是教师的教，还是学生的学以及评价，均围绕预先设定的可观察、可测量的行为目标进行，强调教学过程中的目标控制，却忽视了现代教学的生成性特点、开放性过程。"（刘京莉，2005）

从本质上讲，布卢姆的真实意图在于指导测验试题的选题，而不是要评价学生对某一问题回答的质量。事先界定的学习质量使得人们很难将其体系应用于开放式的问题回答中。布卢姆分类关注学习的目标，因此致力于描述测验问题的类型，以此来区分学生的学习结果，而不同的学生对同一开放式问题的回答存在质的差别，这些差别不能用布卢姆教育目标分类理论来分析，因为它关注问题本身的类型，而不是评价学生反应的质量。在现实应用中，要设计出比理解更高层次的试题并不容易。

由于布卢姆教育目标分类的局限性，人们开始关注能反映学生学习内容的评价体系。有学者提出了"概念结构层次"，以反映学生在回答复杂问题中接收、储存、传递信息的方式。他们强调人所显示出来的概念结构层次并不是一成不变的，而是取决于个人对该情境特有的知识和经验。概念结构分为四个层次。（1）单一维度，特点是最低程度的分歧，迅速收敛。（2）至少注意到两个维度，可能会引起相互冲突和不一致的判断。（3）运用从属规则将不一致联系起来并解决矛盾，不太受外力影响。（4）理论化趋势，能自己总结出应用于所有情况的规则，包括假设。其后，又有研究者从现象学的角度表述学生的学习：只能从学生自己的角度来测量学生学到什么。进一步的推论是只能从学习的内容出发来对学生进行评价。"超越学习内容之上的学习过程，也许是一个有效的抽象概念，可供心理学家使用，但对于评价学生与学习内容之间时常发生的相互作用，学习过程与之毫不相干。"（约翰，凯文，2010）[19]

1982年，澳大利亚教育心理学家彼格斯（J. B. Biggs）和科利斯（K. F. Collis）出版了《学习质量评价：SOLO分类理论——可观察的学习成果结构》，SOLO分类评价理论着重于对学生学习质量的评价。学生掌握知识点的多少只涉及教育评价中量的层面；以知识技能目标分类为标准的评价，关注的是学习内容本身的类型，不能反映学生认知过程的发展（彼格斯，科利斯，2010）。针对此问题，彼格斯及其同事提出了全面的学习质量评价体系，它包括对学生学习表现的分析，了解学生达到教育目标和掌握知识、获得能力的状况，即从知识技能目标和学生认知发展过程两个维度对学习质量进行横断和纵向分析。SOLO分类的理论基础是结构主义学说，它用结构特征来解释学生反应，确定某种反应的层次，并将学生的学习结果划分为以下五种结构或五个层次（刘京莉，2005）。（1）前结构反应（prestructural responses）：学习者不能将已有知识与问题建立相关联系，反应特征为不能以有意义的方式回答问题。（2）单一结构反应（unstructural responses）：学习者回答问题时，只使用题目中的一种相关资料元素，反应特征是急切追求答案，忽视题目中多种相关资料的区别和联系。（3）多元结构反应（multistructural respon-ses）：学习者能使用多种资料元素，但不具备将它们进行有机整合的能力，因此反应可能包含了大量的不相关的结果。（4）关联结构反应（relational responses）：学习者能整合多种资料元素使其成为一个有机整体，反应特征为能解决较为复杂的具体问题。（5）扩展抽象结构反应（extended abstract responses）：学习者能归纳多种资料元素并进行抽象概括，反应特征为对元素的概括，具有普遍性、抽象性的特征。

SOLO 分类为人们提供了对开放式问题答案的质性评价方式，且可据此分析学生的反应模式。"从前结构反应到扩展抽象结构反应，SOLO 分类法提供了一种依据递增的结构测量学习质量的方法，它不是用二元论的方式把学习结果划分为对和错两类，而是把不同的学生指向不同水平的再认知，并将其作为划分个性教育的依据。SOLO 分类不仅可以诊断学生学习存在的困难，还可以帮助教师制定多层次的教学目标，通过对学习者进行分析，提出教学指导建议，同时也提供用于测验和考试的内容结构框架。"（刘京莉，2005）

综上，无论是质性评价还是量化评价，无论是布卢姆的目标分类结构，还是彼格斯的 SOLO 分类系统，基本上都是针对知识领域的学习质量标准。但在现实的教育活动中，学生除知识学习外，还存在情感、态度、品德、动作技能的学习和培养，知识领域的学习结果分类并不适用于这些领域。

在实际操作中，对动作技能学习效果的评价，通常以学习者最终能完成的动作表现的难度和复杂程度来量化评分，除简单且容易制定客观标准的动作，如 100 米跑外，一些复杂且难度较大的动作技能评分也带有较强的主观特性，如跳水或舞蹈等。而在情感、态度和品德等领域，教师通常是根据观察到的学生日常行为表现进行定性的描述，即使给出德操评级，其实质依然是质性评价，几乎是主观的，完全依赖于教师个人。

本书所采用的学生自我评定的方法，虽然也是一种主观方法，但主张将学生德、智、体、美各方面均纳入自我评价，有效地避免了以学生考试分数作为评定学生学习质量的唯知识论偏向。当然，自我评定也存在一定的不足或缺陷，也可能出现"美化"自己的偏差，即心理学测量中的"社会称许性"误差，希望大样本的测试能减少这些误差的影响。未来的中小学生学习质量研究，需要研发出一套行之有效的评价方法和体系，尽量做到质性和量化评价相结合、主观和客观相结合、自评与他评相结合，以全面而准确地反映学生在各个学科领域的学习效果。

第三节　教师胜任特质与学生学习质量相互关系研究的反思与展望

一、影响学生学习质量的因素

众多研究揭示出学生的学习质量与诸多因素有关。这些因素有学生自身以外的因素，即外部因素，也有学生自身的因素，即内部因素（李静波，2013）。

（一）影响学习质量的外部因素

影响学生学习效果的外部因素指的是学生自身以外的诸多因素，这些因素包括社会因素、家庭因素、学校因素、教师因素和同伴因素等。

社会因素包括国家与教育有关的政策、制度、法律法规等。其中对学生学习效果影响比较直接的是升学考试制度。高考、中考的制度、策略、政策导向等影响着学生的学习导向、学习内容、学习方式、学习策略，进而影响着学生的学习效果。

家庭因素对学生学习效果的影响更加明显。一个完备的教育体系包括社会教育、家庭教育、学校教育和自我教育，其中家庭教育对学生的影响很大，尤其是学前教育和小学教育阶段，家庭因素对孩子的影响甚至超过了学校，这种影响主要体现在那些有助于学习的非智力因素，如学习习惯、学习动机、学业适应等各个方面。

学校因素既包括学校的教育理念、学校文化等教育环境因素，又包括课程、课时、考试、教师、同学等因素。其中学校的办学理念、办学模式和学校文化是一所学校的教育观、价值观在教育活动中的集中体现，决定着学校教育的方向，决定着学生培养的目标和导向。

教师因素是影响学生学习效果外部因素中的最重要因素。教师是教学的直接实施者，其人格魅力、工作态度、教学风格、知识能力、课堂行为、班级管理方式等直接影响着学生的学习方法、学习动机、学习兴趣甚至学习策略。

同伴因素也影响着学生的学习效果。所谓"近朱者赤，近墨者黑"，良好的同伴关系能促进学生的学习，同伴之间存在榜样示范和合作竞争的效应，这对学习也具有一定的积极作用。

总之，社会因素、家庭因素、学校因素、教师因素和同伴因素对学生的学习效果分别起着不同的作用，社会因素影响着教育的大环境，家庭因素影响着学生之间的差异，学校因素影响着学习的内容、进度、评价、反馈，教师因素直接影响着学生的具体学习过程，同伴因素则是学生学习的外部微观环境，这些因素都影响着学生的学习效果。

但在教育学、心理学领域，国内很少有量化的研究考察社会、学校因素对学生学习效果的影响，已有研究多局限于宏观的理论探讨。有少部分研究探讨家庭因素如父母教养方式、家庭结构、亲子关系等对学生学习质量的影响，但远谈不上丰富。也有少部分研究探讨教师因素的影响，主要集中于教学风格、师生关系、教师期望和支持等的影响。对同伴因素的探讨，则主要是同学关系。有鉴于此，本研究特别在第三章探讨了父母受教育程度、父母学习辅导、亲子沟通、父母教养满意度等家庭因素对学生学习质量的影响，在第五章则分别探讨了师生亲密度、师生冲突、同伴支持等因素的影响，得出了一些具有启发性的结论。鉴于这些影响因素的复杂性，未来的研究需要进一步理清这些因素的层次和关系，以获得更为丰富的研究成果。

（二）影响学生学习效果的内部因素

影响学生学习效果的内部因素指的是学生自身的与学习相关的因素，这些因素可以分为客观因素和主观因素两大部分。客观因素主要是指学生不以自身意志为转移的因素，如身体状况、知识基础等；主观因素包括学习方法、学习习惯、学习动机、学习态度、学习目标、学习方式、学习策略等。

客观因素中对学习效果影响最大的是知识基础，知识基础指的是学生现有的知识储备，它是一切学习活动的起点。根据建构主义学习理论，任何学习活动都是在原有知识的基础上建构新知识的过程，就像树的生长，都是在树根的基础上生长出树干，并以树干为基础生长出树枝，再生长出分支和树叶。知识的建构也一样，也是在原有的知识基础上不断建构、不断丰富发展。其次是身体的状况，健康的大脑和健康的体质无疑是有效学习的基本保证。

主观因素中最重要的影响因素是学习动机。学习动机包括内部动机和外部动机，其中内部动机是指人们对学习活动本身的兴趣所引起的动机，是学习的最持久的一种驱动力。外部动机则依赖于外部刺激，一旦外部刺激物消失，学习动力就不复存在，因此外部动机是短暂的。

态度决定一切，学习也同样如此。学习心态不仅影响着学生学习过程中的状态，更影响着学生的考试状态，从而影响着学习效果。具有良好学习心态的学生在遇到困难、压力或挫折的时候，能够以积极平稳的心态，耐心、细心地解决所遇到的问题，进而取得学习上的突破。

学习方式包括学习策略和学习方法两个层面。要想取得良好的学习效果，学生必须制定恰当的学习目标，学习策略是指学习者在学习活动中有效学习的程序、规则、方法、技巧及其调控方式（张大均，2011）[248]，是围绕学习目标明确应该学什么的问题。同样的任务，学习方法的差异将决定学习效率和学习效果的不同，好方法事半功倍，差方法事倍功半。

学习习惯是学习者在学习过程中所养成的稳定的学习方式（申仁洪，2007），学习习惯的不同直接导致学习效果的不同，进而决定了学习成绩的不同。养成良好的学习习惯，有利于激发学生的学习积极性，有利于提高学生的自主学习能力，有利于促进学生创新精神和创造能力的培养，使学生终身受益。

总之，影响学生学习效果的因素很多，既包括外部因素，也包括内部因素，既有主观因素，又有客观因素，只有牢牢抓住这些因素，有效优化它们，适当调整使它们达到最优状态，学习才能达到最佳效果，实现学习绩效最大化。

很少有实证研究直接考察身体状况和知识基础对学习效果的影响。前者是因为身体状况具有变化性，很难取得一般性的样本或者进行变量操控；后者大概是因为其逻辑是不证自明的，知识基础差，学习效果自然不好。有大量的实证研究探讨学习者主观因素，如动机、兴趣、自我效能、学习策略、学习情绪、学习态度等对学习效果的影响。本研究特别选取了学习动机、学习态度及学业情绪等动力系统因素进行探讨，也获得了一些有价值的结果。问题在于，这些影响学习质量的动力因素，实质上也受制于前述的影响学习的外部因素，如社会、家庭、教师、同伴等，由于这些因素间相互作用的复杂性，难以进行整合或结构优化，未来的研究需要进一步探究、思考、解决这些问题。

二、教师胜任特质对学生学习质量的影响

教师胜任特质是影响学生学习质量的关键因素之一。国外有相关研究表明，教师某一学科的知识越丰富，其学生在同样学科的测验中得分越高（Wamala，Seruwagi，2013）；教师的课程与学习管理能积极预测学生的学业成就（Prasertcharoensuk，Somprach，Nagang，et al.，2015）；教师的教学清晰度、动机激发能力、行为表现诊断能力、个人定向及社会关系诊断能力对学生的学业情绪具有显著的影响（Gläser-Zikuda，Fuβ，2008）；教师的教学知识、专业信念、工作动机及自我调节等胜任特质中，教学知识、教学投入和自我调节能力对教学质量有显著作用且进一步影响学生的学习效果，而一般的学术能力则不会影响教学表现（Kunter，Klusmann，Baumert，et al.，2013）。教师的计划、监控、支持、巩固和反馈学生间交互的能力也对课堂上的合作学习具有重要作用（Kaendler，Wiedmann，Rummel，et al.，2014）。教师识别学生一般错误观念的能力及教学法知识，是学科教师的重要特质，显著影响学生的学习效果（Sadler，Sonnert，Coyle，et al.，2013）。

国内也有实证研究表明，教师的学科教学知识、课堂学习任务的认知水平、课堂对话的权威来源、教师运用学生想法的程度对小学生的学习观念有显著作用，但教师的学科知识则不存在影响（李琼，倪玉菁，萧宁波，2007）。教师的一些课堂行为对学生的情感和学习成绩存在显著影响（郭应平，2003）。教师态度会影响学生的学习动机（马艳云，2005）。教师期望通过学生学习效能感、成就动机影响学生的学业成绩（刘丽红，姚清如，1996）。另外，教学效能感、教师支持和某些特定行为如教学准备、作业重视度、反馈、差别行为也影响学生的学业成就；教师的人格特征、专业发展水平、教学风格等也是影响学生学习的因素（陈丽华，2015）。

综观上述有关教师因素与学生学习质量的关系研究，人们得出了丰富的、颇有价值的结论。但问题在于，人们很难将这些影响学生学习质量的教师因素全部归结为教师的胜任特质。这与人们对教师胜任特质的理解还不够深入有关。教师胜任特质作为一种假设的理论实体，应该是教师相对稳定的

与工作有关的个人特质，而不应该是某种具体的行为表现，如上述研究中的特定行为、教师期望、教师支持等。

另外，教师胜任特质作为教师个体内部变量，其应该直接作用于教师的教学和工作行为表现，然后通过其教学和工作行为作用于学生的学习过程和动力因素，如学习动机、学习策略、学习情绪等，最后才显现为学生的学习质量。

在以往的研究中，大量的研究者都是直接考察教师特质或行为因素对学生学习效果的影响，忽略了相关的前置变量和一些重要的中间变量，有可能导致研究结果出现偏差。因此，在今后的研究中，应该先从理论上理顺各变量之间的逻辑关系，并以实证的方式展现这种多重因果关系。

附录1：教师职业发展状况调查问卷

尊敬的老师：

您好！我们是湖南省教育科学研究院的研究人员。本次调查的主要目的是了解当前教师的职业发展情况。请您匿名填写，我们承诺对大家的作答严格保密。

请根据您的真实情况进行回答，谢谢您的热心合作。

第一部分：请您先填写您的个人信息，在相应处打"√"或填写具体内容。

1. 您所在的学校：＿＿＿＿＿＿＿＿＿＿学校

2. 学校层次：①小学　②初中　③高中

3. 您所在的学校是：①省级示范学校　②市级示范学校　③普通学校

4. 您的年龄：＿＿＿岁（请填写）

5. 您的教龄：＿＿＿岁（请填写）

6. 您的性别：①男　②女

7. 您的婚姻状况：①未婚　②已婚　③离异

8. 您的学历：①中专及以下　②大专　③本科　④硕士及以上

9. 您的职称：①中学三级　②中学二级　③中学一级　④中学高级

　　　　　　⑤小学二级　⑥小学一级　⑦小学高级

10. 您最近一年任教的学科：

①语文　②数学　③英语　④物理　⑤化学　⑥思品　⑦历史　⑧地理　⑨生物
⑩综合　⑪音乐　⑫美术　⑬信息技术　⑭心理健康教育　⑮其他＿＿＿＿＿＿

11. 您最近一年是否担任班主任：①否　②是（如果是，您是担任＿＿＿＿＿班的班主任）

12. 您最近一年担任哪几个班的科任老师（很重要，请务必填写）

①＿＿＿＿＿班的＿＿＿＿＿科　　②＿＿＿＿＿班的＿＿＿＿＿科

③＿＿＿＿＿班的＿＿＿＿＿科　　④＿＿＿＿＿班的＿＿＿＿＿科

13. 您是否为省市、国家级骨干教师／教学能手／特级教师／优秀教师／模范教师／学

科带头人：①是（其中1项或几项）　②否（都不是）

第二部分：请根据您的实际情况在相应序号处打"√"（部分题目）。

题目	完全 不符合	基本 不符合	不确定	基本 符合	完全 符合
1. 自己设定较高的工作目标，并据此测查自己的行为。	①	②	③	④	⑤
2. 真心喜欢与学生交往相处，而不以自身的利益为出发点。	①	②	③	④	⑤
3. 与同事分享相关的教学信息及新资源。	①	②	③	④	⑤
4. 当同事、家长需要帮助和支持时，愿意提供帮助。	①	②	③	④	⑤
5. 把自己的联络方式留给学生或家长，保持联系。	①	②	③	④	⑤
6. 完整地保存自己或学生的各种活动记录。	①	②	③	④	⑤
7. 向他人谈起自己的学校时，表现出一种自豪感。	①	②	③	④	⑤
8. 宽容他人的挑衅行为，容忍不同的要求和观点。	①	②	③	④	⑤
9. 能从他人的行为中洞察其意图，了解其潜在的意义和信息。	①	②	③	④	⑤
10. 假如看电影不买票，也不会被人发觉，可能会这样做。	①	②	③	④	⑤
……	……	……	……	……	……
45. 针对学生不同的学习风格，提倡采用不同的学习方式。	①	②	③	④	⑤
46. 工作符合上级领导的标准和管理规定的标准。	①	②	③	④	⑤
47. 面对学生的合理需求与抱怨，督促学校解决。	①	②	③	④	⑤
48. 改进教学时仔细考虑风险、拥有的资源和时间。	①	②	③	④	⑤
49. 运用持续的策略影响家长和师生，以取得他们的支持。	①	②	③	④	⑤
50. 宏观考虑问题，归纳总结其中的关系和模式。	①	②	③	④	⑤

第三部分：以下各题均涉及您对教师职业各个方面的认识和看法，请在最符合您真实感受的位置打"√"。

题目	非常符合	比较符合	说不清楚	不太符合	很不符合
1. 当中小学教师能充分施展我的才能。	①	②	③	④	⑤
2. 我认为中小学教师的工资收入偏低。	①	②	③	④	⑤
3. 作为一名中小学教师，我觉得精神是富足的。	①	②	③	④	⑤
4. 我很乐意和别人谈论我所在的学校。	①	②	③	④	⑤
5. 在中小学校园里工作，很有安全感。	①	②	③	④	⑤
6. 家人很支持我的工作。	①	②	③	④	⑤
7. 中小学教师的生活很有规律。	①	②	③	④	⑤
8. 中小学教师有广泛的人际交往关系。	①	②	③	④	⑤
9. 对于和同事之间的人际关系，我感到满意。	①	②	③	④	⑤
10. 当一名中小学教师，经常让我感受到经济上的压力。	①	②	③	④	⑤
11. 我经常想象能转到一个收入更高的行业。	①	②	③	④	⑤
12. 作为一名中小学教师，工作稳定。	①	②	③	④	⑤
13. 中小学教师和我的理想相差太远，我多次想过换一份工作。	①	②	③	④	⑤

第四部分：请在最符合您真实感受的位置打"√"。

题目	完全不符合	基本不符合	不确定	基本符合	完全符合
1. 教师工作能让我感到快乐。	①	②	③	④	⑤
2. 教师职业和其他职业（比如医生、律师）一样，有专业要求。	①	②	③	④	⑤
3. 我经常写教学日记，总结自己的教学经验及不足。	①	②	③	④	⑤
4. 我会借鉴别的教师的教学方法以改进自己的教学。	①	②	③	④	⑤
5. 我对教学工作已经驾轻就熟。	①	②	③	④	⑤

续表

题目	完全不符合	基本不符合	不确定	基本符合	完全符合
6. 我经常自学一些教育理论知识。	①	②	③	④	⑤
7. 和学生们在一起，我觉得自己也变年轻了。	①	②	③	④	⑤
8. 教师职业专门化是教师职业发展的必然趋势。	①	②	③	④	⑤
9. 我对所从事的专业充满兴趣。	①	②	③	④	⑤
10. 我希望有人能给我指出教学工作的不足。	①	②	③	④	⑤
11. 就我所具备的学科知识水平而言，工作对我来说很轻松。	①	②	③	④	⑤
12. 教师职业的特殊性使教师职业规范的国家标准成为必需的。	①	②	③	④	⑤
13. 我认为自己完全能胜任所任教学科的教学工作。	①	②	③	④	⑤
14. 如果有人向我提出工作上的意见和建议，我会努力尝试改进。	①	②	③	④	⑤
15. 只有经过正规的教师教育，取得资格证书才能从事教师职业。	①	②	③	④	⑤
16. 每当解决一个教学上的难题，我就觉得很开心。	①	②	③	④	⑤
17. 我很关注报纸杂志、广播、电视、网络等媒体对有关教育、教学、教师等主题的报道和讨论。	①	②	③	④	⑤
18. 我常常反思教学工作中的问题，并尝试撰写发表教学论文。	①	②	③	④	⑤
19. 如果有交流、学习、培训的机会，我会毫不犹豫地参加。	①	②	③	④	⑤
20. 我几乎没在教学上碰到过什么难题。	①	②	③	④	⑤
21. 我经常看一些有关教育教学的学术刊物。	①	②	③	④	⑤

附录 2：小学高年级学生学习状况调查问卷

亲爱的同学：

我们现在所做的调查，主要为研究所用。十分感谢你的合作！请大家注意：1. 匿名填写，调查结果会严格保密；2. 答案没有对错之分；3. 不要漏题；4. 每个题目只选择一个最符合你自己情况的答案。

第一部分：基本情况（在相应的序号上打"√"或在相应的空格上填写具体内容）。

1. 学校名称：_____

2. 班级：_____

3. 年级：①小四 ②小五 ③小六

4. 性别：①男 ②女

5. 你的户口是不是本地（本县或本区）的：①是 ②不是

6. 你的户口性质：①城镇户口 ②农村户口 ③不知道

7. 下面哪个情况符合你（限选1项，很重要）：

①我生活在农村，在本地读书，且父母都在本地务农或在本地（县内）做其他事；

②我生活在农村，并在本地读书，但父母有一个或两个都长期在外地做事；

③我一直在这个城里生活、读书，父母也在本地（城市内）工作；

④我原来生活在农村，并在农村读书，我现在是随父母或其他亲戚来城里读书的；

⑤我原来生活在农村，并在农村读书，我现在不是随父母或其他亲戚来城里读书的，而是在校寄宿；

⑥我一直在其他城市生活、读书，我最近才在这里读书的；

⑦其他_____（请填写）。

8. 你学习成绩目前在班里属于哪种水平？①优秀 ②良好 ③中等 ④较差 ⑤很差

9. 父亲的文化程度：①大学 ②高中（包括中专） ③初中 ④小学 ⑤没读书

10. 母亲的文化程度：①大学 ②高中（包括中专） ③初中 ④小学 ⑤没读书

11. 你对父母给你提供的学习辅导感到满意吗？
①很不满意 ②不太满意 ③一般 ④较满意 ⑤很满意

12. 你的父母对你：①比较民主 ②比较专制 ③比较溺爱(惯着我) ④比较冷漠

13. 你对父母的教育方式感到满意吗？
①很不满意 ②不太满意 ③一般 ④较满意 ⑤很满意

14. 你最近半年与父母沟通、交流的次数多吗？
①很少 ②较少 ③一般 ④较多 ⑤很多

15. 你对你与父母的沟通、交流感到满意吗？
①很不满意 ②不太满意 ③一般 ④较满意 ⑤很满意

第二部分：以下题目旨在了解你的语数外等课程的学习情况。请根据自己的真实想法对每道题做出回答，答题的方式是：每道题只选择一个答案，在相应的序号上打"√"(部分题目)。

序号	题目	选项		
1	你能不能用普通话正确、流利、有感情地朗读语文课文？	①总能	②一般能	③不能
2	你能不能在阅读中联系上下文理解语文课文中的重要词句的意思？	①总能	②一般能	③不能
3	你能不能在阅读语文课文的过程中，体会顿号与逗号、分号与句号的不同用法？	①总能	②一般能	③不能
4	你能不能留心观察周围事物，积累语文习作素材？	①总能	②一般能	③不能
5	你能不能写简单的记叙文，且内容具体、感情真实？	①总能	②一般能	③不能
6	你能不能根据中文作品内容表达的需要，分段表述？	①总能	②一般能	③不能
7	你能不能有条理地，且语气、语调适当地进行中文口语表达？	①总能	②一般能	③不能
8	你能不能抓住他人说话的要点，并能用中文简要转述？	①总能	②一般能	③不能
9	你能不能从统计图表中准确提取信息，对数据做出简单的判断与预测？	①总能	②一般能	③不能
10	你能不能进行简单的测量（包括估测）、识图、作图？	①总能	②一般能	③不能
11	你能不能进行单位间的换算？	①总能	②一般能	③不能
12	你能不能计算一些简单事件发生的可能性？	①总能	②一般能	③不能
13	你能不能用方程表示简单的数量关系，能解简单的方程？	①总能	②一般能	③不能
14	你能不能听懂课堂活动中简单的英语提问和常用指令？	①总能	②一般能	③不能
15	你能不能听懂英语老师的要求并按要求去做？	①总能	②一般能	③不能
……	……	……	……	……

第三部分：以下题目旨在了解你的思想品德的学习情况。请根据自己的真实想法对每道题做出回答，答题的方式是：每道题只选择一个答案，在相应的序号上打"√"（部分题目）。

序号	题目	选项		
1	你是否知道保护自然、保护环境的重要性？	①完全知道	②知道一些	③不知道
2	你是否知道基本的交往礼仪？	①完全知道	②知道一些	③不知道
3	你是否知道孝敬父母和诚实守信是做人的根本？	①完全知道	②知道一些	③不知道
4	你会不会渴望得到别人的尊重？	①经常会	②偶尔会	③不会
5	你会不会分辨是非，学会并对自己的行为负责？	①经常会	②偶尔会	③不会
6	看到残疾小孩在乞讨时，你会不会觉得他可怜？	①经常会	②偶尔会	③不会
7	你会不会站在他人的立场上理解别人？	①经常会	②偶尔会	③不会
8	你会不会感受到身边有值得你同情的人？	①经常会	②偶尔会	③不会
9	和别的小朋友约好一起玩，你会不会总是准时赴约？	①经常会	②偶尔会	③不会
10	你会不会守信用，说话算数，对自己的话负责？	①经常会	②偶尔会	③不会
11	你会不会按时回家，外出打招呼，不让父母担心，对父母负责？	①经常会	②偶尔会	③不会
12	学校举行的每周一次升旗仪式，你会不会认真参加，且心情激动？	①经常会	②偶尔会	③不会
13	你会不会视班级为自己的家，主动承担班集体布置给你的任务？	①经常会	②偶尔会	③不会
14	在校内见到老师，在家里看到长辈，你会不会主动问好？	①经常会	②偶尔会	③不会
15	当长辈、老师疲劳生病时，你会不会主动关心安慰？	①经常会	②偶尔会	③不会
……	……	……	……	……

第四部分：以下题目旨在了解你的体育课程的学习情况。请根据自己的真实想法对每道题做出回答，答题的方式是：每道题只选择一个答案，在相应的序号上打"√"（部分题目）。

序号	题目	选项		
1	你是否知道所练习的球类项目中的运动动作，如篮球的投篮、足球的射门等？	①完全知道	②知道一些	③不知道
2	你是否知道所练习的田径类项目中的运动动作，如起跑、起跳等？	①完全知道	②知道一些	③不知道
3	你是否知道利用电视或儿童读物等获取体育与健康的知识？	①完全知道	②知道一些	③不知道
4	你是否知道附近的体育场所及其用途？	①完全知道	②知道一些	③不知道
5	你是否知道一些体育保健知识与方法？	①完全知道	②知道一些	③不知道
6	你是否知道球类运动如小篮球、小足球、乒乓球等的基本技能？	①完全知道	②知道一些	③不知道
7	你是否知道安全进行体育活动的方法，如跳远时的正确着地姿势、摔倒时的自我保护方法等？	①完全知道	②知道一些	③不知道
8	你是否知道应对体育活动中可能遇到的粗暴行为和危险情况的方法？	①完全知道	②知道一些	③不知道
9	体育活动会不会帮你预防和消除心理障碍？	①经常会	②偶尔会	③不会
10	体育活动会不会增强你的自信和自尊？	①经常会	②偶尔会	③不会
11	体育活动会不会锻炼你的意志力？	①经常会	②偶尔会	③不会
12	适当的体育活动会不会帮你消除烦恼和疲劳，提高学习效率？	①经常会	②偶尔会	③不会
13	在体育活动中你会不会感受到生命的力量和美好？	①经常会	②偶尔会	③不会
14	你能不能制订简单的个人锻炼计划，并坚持执行？	①经常会	②偶尔会	③不会
15	你能不能对一些体育赛事做出简单的评论？	①经常会	②偶尔会	③不会
……	……	……	……	……

第五部分：以下题目旨在了解你对学习的态度。请在相应的序号上打"√"（部分题目）。

序号	项目	完全不符合	基本不符合	不能确定	基本符合	完全符合
1	我非常喜欢学习。	①	②	③	④	⑤
2	我讨厌学习。	①	②	③	④	⑤
3	要不为了考试能通过，我不愿去学习。	①	②	③	④	⑤
4	我认为老师不应该要求学生去学习教材以外的东西，即使它们是十分有用的。	①	②	③	④	⑤
5	我学习是为了将来能顺利地毕业，考个好学校。	①	②	③	④	⑤
……	……	……	……	……	……	……
10	为获得好名次即使是我不喜欢的课程也会想办法去学。	①	②	③	④	⑤
11	我努力刻苦学习，是为了比其他同学都学得好。	①	②	③	④	⑤
12	我总想学习新知识。	①	②	③	④	⑤
13	一提到学习我就头痛。	①	②	③	④	⑤

附录 3：初中生学习状况调查问卷

亲爱的同学：

我们现在所做的调查，主要为研究所用。十分感谢你的合作！请大家注意：1. 匿名填写，调查结果严格保密；2. 答案没有对错之分；3. 不要漏题；4. 每个题目只选择一个最符合你自己情况的答案。

第一部分：基本情况（在相应的序号上打"√"或在相应的空格上填写具体内容）。

1. 学校名称：_____

2. 班级：_____

3. 年级：①初一　②初二　③初三

4. 性别：①男　②女

5. 你的户口性质：①城镇户口　②农村户口　③不知道

6. 下面哪个情况符合你（限选 1 项，很重要）：

①我生活在农村，在本地读书，且父母都在本地务农或在本地（县内）做其他事；

②我生活在农村，并在本地读书，但父母有一个或两个都长期在外地做事；

③我一直在这个城里生活、读书，父母也在本地（城市内）工作；

④我原来生活在农村，并在农村读书，我现在是随父母或其他亲戚来城里读书的；

⑤我原来生活在农村，并在农村读书，我现在不是随父母或其他亲戚来城里读书的，而是在校寄宿；

⑥我一直在其他城市生活、读书，我最近才在这里读书的；

⑦其他_____（请填写）。

7. 你学习成绩目前在班里属于哪种水平？

①优秀　②良好　③中等　④较差　⑤很差

8. 你觉得自己的独立生活能力如何？

①很强　②较强　③一般　④较差　⑤很差

9. 你觉得自己的性格如何？

①很外向　②较外向　③中性　④较内向　⑤很内向

10. 你觉得自己的交往、沟通能力如何？

①很强　②较强　③一般　④较差　⑤很差

第二部分：家庭情况（打√或填空）。

1. 父亲的文化程度：①大学　②高中（包括中专）　③初中　④小学　⑤没读书

2. 母亲的文化程度：①大学　②高中（包括中专）　③初中　④小学　⑤没读书

3. 你家兄弟姐妹有几个人（包括你自己）？

①1个　②2个　③3个　④4个或4个以上

4. 目前你在家里的时候，和谁一起住？（可以多选）

①爸爸　②妈妈　③爷爷　④奶奶　⑤外公　⑥外婆　⑦亲戚　⑧邻居　⑨自己一个人　⑩其他_____（请填写）

5. 与你家保持联系的亲戚有_____家；邻居有_____家（从下面8个选项选择）。

①几乎没有　②1—2家　③3—4家　④5—6家　⑤7—8家

⑥8—10家　⑦10—15家　⑧15家以上

6. 当你家遇到困难或者重大事情时：帮助你们的亲戚多吗？_____；帮助你们的邻居呢？_____；其他人（比如爸爸或者妈妈的同事、朋友等）呢？_____（从下面5个选项选择）。

①几乎没有　②偶尔有　③有几个　④很多　⑤非常多

7. 在进入这所学校之前，父母是否给你提供了相应的指导，以便让你更好地适应新的环境？

①很少　②较少　③一般　④较多　⑤很多

8. 如果提供了指导，主要提供的指导是（最主要的两项）：

①吃与住方面的指导　②学习上的指导　③如何与老师沟通上的指导

④如何与同学沟通上的指导　⑤课余活动上的指导　⑥其他_____（请填写）

9. 你对父母提供的入学指导感到满意吗？

①很不满意　②不太满意　③一般　④较满意　⑤很满意

10. 你父母在家辅导你学习吗？

①从未辅导　②很少辅导　③有时辅导　④经常辅导

11. 你对父母给你提供的学习辅导感到满意吗？

①很不满意　②不太满意　③一般　④较满意　⑤很满意

12. 你父母对你：

①比较民主　②比较专制　③比较溺爱（惯着我）　④比较冷漠

13. 你对父母的教育方式感到满意吗？

①很不满意　②不太满意　③一般　④较满意　⑤很满意

14. 你最近半年与父母沟通、交流的次数多吗?

①很少 ②较好 ③一般 ④较多 ⑤很多

15. 你对你与父母的沟通、交流感到满意吗?

①很不满意 ②不太满意 ③一般 ④较满意 ⑤很满意

第三部分:以下题目旨在了解你的语数外等课程的学习情况。请根据自己真实想法对每道题做出回答,答题的方式是:每道题只选择一个答案,在相应的序号上打"√"(部分题目)。

序号	题目	完全不符合	不太符合	比较符合	完全符合
1	你能在通读语文课文的基础上,体会和推敲重要词句在语言环境中的意义和作用。	①	②	③	④
2	你能根据文章的内在联系和自己的合理想象,进行扩写、续写。	①	②	③	④
3	你能在实践的基础上,独立或与人合作用中文写出简单的研究报告。	①	②	③	④
4	你能在语文阅读中知道叙述、描写、说明、议论、抒情等不同的表达方式。	①	②	③	④
5	你能在写作时考虑不同的目的和对象。	①	②	③	④
6	你能在写作时合理安排内容的先后和详略,条理清楚地表达自己的意思。	①	②	③	④
7	你能从文章中提取主要信息,进行缩写概括。	①	②	③	④
8	你能够区分写实作品和虚构作品。	①	②	③	④
9	你能运用目前所掌握的英语单词和习惯用语与他人进行正常的英语交流。	①	②	③	④
10	你理解并掌握了用来描述人和物的英语表达方式。	①	②	③	④
11	你能听懂有关熟悉话题的英语谈话,并能从中提取信息和观点。	①	②	③	④
12	你能听懂接近正常语速的语言材料,并能说出其大意。	①	②	③	④
13	你能针对所听英语语段的内容记录简单信息。	①	②	③	④
14	你能用英语表达对一些简单话题的看法和意见。	①	②	③	④
15	你能根据话题进行情景英语对话。	①	②	③	④
……	……	……	……	……	……

第四部分：以下题目旨在了解你的体育课程的学习情况。请根据自己真实想法对每道题做出回答，答题的方式是：每道题只选择一个答案，在相应的序号上打"√"（部分题目）。

序号	题目	完全不符合	不太符合	比较符合	完全符合
1	你了解已经学过的运动项目的基本技术知识。	①	②	③	④
2	你了解已经学过的运动项目的比赛技巧。	①	②	③	④
3	你了解已经学过的运动项目的竞赛规则。	①	②	③	④
4	你知道一些体育名人并能对他们进行简单的评价。	①	②	③	④
5	你基本掌握两三种球类项目中的技术或战术，如篮球、排球等。	①	②	③	④
6	你基本掌握田径类项目中两三项运动技能，如中长跑、跳远等。	①	②	③	④
7	你知道合理安排锻炼时间的意义。	①	②	③	④
8	你知道怎样合理安排锻炼时间。	①	②	③	④
9	你知道区分体育活动中安全和不安全行为的方法。	①	②	③	④
10	你认识和理解体育锻炼对体形发展的影响。	①	②	③	④
11	你认识和理解体育锻炼对身体内部功能发展的影响。	①	②	③	④
12	体育活动能帮你预防和消除心理障碍。	①	②	③	④
13	体育活动增强了你的自信和自尊。	①	②	③	④
14	体育活动能给你带来快乐。	①	②	③	④
15	体育能使你更加珍惜生命。	①	②	③	④
……	……	……	……	……	……

第五部分：以下题目旨在了解你的思想品德课程的学习情况。请根据自己真实想法对每道题做出回答，答题的方式是：每道题只选择一个答案，在相应的序号上打"√"（部分题目）。

序号	题目	完全不符合	不太符合	比较符合	完全符合
1	你能够分辨是非，学会并对自己的行为负责。	①	②	③	④
2	你知道生命的可贵，并热爱生命和生活。	①	②	③	④
3	你知道保护自然、保护环境的重要性。	①	②	③	④
4	你知道并能正确处理"我与他人、我与集体、我与社会"的关系。	①	②	③	④
5	你知道法律是一种特殊的行为规范。	①	②	③	④
6	你知道法律在社会生活中的作用。	①	②	③	④
7	你知道基本的交往礼仪。	①	②	③	④
8	你知道孝敬父母和诚实守信是做人的根本。	①	②	③	④
9	你知道公平有利于社会稳定，并有一定的公平意识。	①	②	③	④
10	你知道公平需要正义，并有一定的社会正义感。	①	②	③	④
11	你知道自己所承担的社会责任。	①	②	③	④
12	你知道改革开放以来我国所取得的巨大成就。	①	②	③	④
13	你希望能为自己赢得更多尊重。	①	②	③	④
14	你能守信用，说话算数，对自己的话负责。	①	②	③	④
15	你视班级为自己的家，主动承担你在集体中应尽的一份责任。	①	②	③	④
……	……	……	……	……	……

第六部分：请各位根据自己的真实想法对每道题做出回答，每道题只选择一个答案，在相应的序号上打"√"（部分题目）。

序号	项目	完全不符合	基本不符合	不能确定	基本符合	完全符合
1	我非常喜欢学习。	①	②	③	④	⑤
2	我讨厌学习。	①	②	③	④	⑤
3	要不为了考试能通过，我不愿去学习。	①	②	③	④	⑤
4	我认为老师不应该要求学生去学习教材以外的东西，即使它们是十分有用的。	①	②	③	④	⑤
5	我学习是为了将来能顺利地毕业，考个好学校。	①	②	③	④	⑤
……	……	……	……	……	……	……
10	为获得好名次即使是我不喜欢的课程也会想法去学。	①	②	③	④	⑤
11	我努力刻苦学习，是为了比其他同学都学得好。	①	②	③	④	⑤
12	我总想学习新知识。	①	②	③	④	⑤
13	一提到学习我就头痛。	①	②	③	④	⑤

参 考 文 献

阿克夫，格林伯格，2010. 21 世纪学习的革命 [M]. 杨彩霞，译. 北京：中国人民大学出版社.

彼格斯，科利斯，2010. 学习质量评价：SOLO 分类理论：可观察的学习成果结构 [M]. 高凌飚，张洪岩，译. 北京：人民教育出版社.

蔡春凤，周宗奎，2006. 童年中期同伴关系、同伴关系知觉与心理行为适应的关系 [J]. 心理科学，29（5）：1086-1090.

蔡莉，2011. 农村中学教师职业认同对离职倾向的影响研究 [J]. 绵阳师范学院学报，30（3）：145-150.

蔡永红，黄天元，2003. 教师评价研究的缘起、问题及发展趋势 [J]. 北京师范大学学报（社会科学版）（1）：130-136.

查有梁，1998. 判定教师素质的三种检测方法 [J]. 中小学管理（9）：34-35.

陈步红，2014. 科学管理创佳绩，勠力同心铸辉煌 [R/OL].（2014-02-28）[2015-06-08]. http：//xt. voc. com. cn/view. php tid-6372-cid-18. html.

陈国鹏，朱晓岚，1997. 自我描述问卷上海常模的修订报告 [J]. 心理科学，20（6）：499-503.

陈京军，刘成伟，王霞，2014. 中小学教师专业发展问卷的编制 [J]. 教育测量与评价（理论版）（8）：4-8.

陈丽华，2015. 影响学生学业成就的教师因素实证研究述评 [J]. 当代教育科学（8）：30-33.

陈梅珍，2013. 小学阶段男生学业成绩不如女生的调查与分析 [J]. 中学课程辅导（教学研究），6（22）：85-86.

陈倩，2011. 小学生学习习惯的差异与策略研究 [D]. 桂林：广西师范大学.

陈秀英，刘成刚，2007. 中学生学习策略的调查研究 [J]. 教育探索（9）：4-5.

成鹏，2009. 小学教师胜任特征模型的构建与应用研究 [D]. 苏州：苏州大学.

邓自鑫，2010. 中小学教师人际沟通能力特点研究 [D]. 重庆：西南大学.

董倩倩，2012. 初中生化学元学习策略训练的实验研究 [D]. 长沙：湖南师范大学.

董妍，俞国良，2007. 青少年学业情绪问卷的编制及应用 [J]. 心理学报，39（5）：
852-860.

董妍，俞国良，2010. 青少年学业情绪对学业成就的影响 [J]. 心理科学（4）：934-937.

窦东梅，蒙衡，2008. 农村留守小学生生活质量的个人家庭影响因素分析 [J]. 中国学校
卫生，29（10）：921-922.

杜艳芳，2010. 小学生学习策略水平的发展研究 [J]. 内蒙古师范大学学报（教育科学
版）（8）：57-60.

冯媛媛，2013. 教师专业发展中教师职业兴趣研究 [D]. 南京：南京师范大学.

逄宇，佟月华，田录梅，2011. 自尊和学习动机与学业成绩的关系 [J]. 济南大学学报
（自然科学版），25（3）：327-330.

高华，2004. 在新形势下教师尊重学生的必要性 [J]. 职业教育研究（9）：78-79.

高伟芳，2010. 论中小学校园文化建设：基于苏州市金阊区学校校园文化建设的实践与
思考 [D]. 苏州：苏州大学.

高晓东，程晓媛，2005. 作文策略训练提高少数民族初中生汉语作文能力实验研究 [J].
西南师范大学学报（人文社会科学版），31（4）：45-48.

葛明贵，晋玉，2005. 中学生英语学习策略水平及其与英语学业成绩的相关研究 [J]. 心
理科学，28（2）：451-453.

耿慧，2013. 小学中高年级取消家庭数学作业实验报告 [J]. 新课程（小学）（5）：181.

弓志敏，2011. 小学教师工资、福利与教育质量关联性研究 [D]. 沈阳：沈阳师范大学.

顾倩，2004. 大学辅导员胜任力问卷的编制及初步应用 [D]. 太原：山西大学.

关旎彦，2009.126 教育集团的中学教师胜任力模型 [D]. 长春：东北大学.

郭应平，2003. 教师的课堂行为对学生的情感和学习成绩的影响 [D]. 长沙：湖南师范
大学.

韩四芳，张莉，2010. 运用教师个人特质优化政治课堂教学 [J]. 读写算（教师版）：素
质教育论坛（22）：88-89.

贺雯，黎雯君，曹钰舒，2014. 教师教学风格的转变及其与学生学习关系的实验研究 [J].
现代中小学教育，30（2）：65-69.

衡阳教育信息网，2014. 一生钟情栽桃李：全国优秀教师衡阳县易积修同志先进事迹材
料 [EB/OL].（2014-09-10）[2015-06-08]. http://www.hhyedu.com.cn/articles/
15986.html.

胡娜，2010. 农村中小学教师胜任力现状调查与对策分析 [D]. 重庆：西南大学.

胡胜利，1996. 小学生不同课堂情境的成就归因及再归因训练［J］. 心理学报，28（3）：268-276.

胡颂，2013. 农村中小学教师胜任特征模型构建研究［J］. 教学与管理（理论版）（12）：46-48.

胡永萍，2006. 中小学教师人际关系状况的调查研究［J］. 江苏教育学院学报（社会科学版），21（5）：39-40.

胡志海，姚兵，2011. 初中生自尊水平与学业成就相关研究［J］. 现代预防医学，38（9）：1625.

黄志东，奉娟，2014. 贺美玉用真爱演绎不离不弃［N］. 永州日报，2014-09-16（4）.

纪春梅，2010. 全免费背景下西藏农牧区中小学教育质量现状及其影响因素分析［J］. 教育与经济（3）：7-10.

姜勇，2004. 女性主义教育学视野中的教师专业发展［J］. 教师教育研究，16（6）：13-17.

蒋平，2008. 从学习习惯不良看农村留守儿童教育之困惑［J］. 北京青年政治学院学报，17（3）：15-19.

蒋裕平，2009. 论教师的职业倾向［J］. 社科纵横（新理论版），24（10）：223-224.

金刚玉，高金金，陈毅文，2012. 学习策略、自我效能感在不同情境下对成绩的影响［J］. 浙江大学学报（理学版），39（2）：231-238.

孔德英，郝维毅，2007. 践行新课程理念的途径：积极关注学生［J］. 中国成人教育（12）：127-128.

寇阳，2007. 中小学教师胜任特征的课堂行动研究［D］. 兰州：西北师范大学.

夸美纽斯，1998. 大教学论［M］. 傅任敢，译. 北京：教育科学出版社.

雷鸣，2007. 广州市中学教师胜任特征初探［D］. 广州：暨南大学.

李本友，李红恩，余宏亮，2012. 学生学习方式转变的影响因素、途径与发展趋势［J］. 教育研究（2）：122-128.

李炳煌，2005. 中小学生学习动机影响因素及发展趋势研究［J］. 湖南师范大学教育科学学报，4（3）：101-104.

李炳煌，2012. 农村初中生学习动机、学习态度与学业成绩的相关研究［J］. 湖南科技大学学报（社会科学版），15（4）：146-149.

李春苗，刘祖平，1998. 关于师生关系对中学生学习影响的研究［J］. 教育探索，（1）：15-17.

李纯，2009. 多元文化视域中的教师专业发展研究［D］. 重庆：西南大学.

李芳芳，2012. 教师期望对初中生英语学业自我概念的影响的实证研究［D］. 曲阜：曲阜师范大学.

李国霖，2001. 论教学交往能力 [J]. 教育导刊（1）：26-28.

李海华，2013. 教师的教学效能感、学生的学习动机与学业成绩的关系 [D]. 济南：山东师范大学.

李佳，吴维宁，2009.SOLO 分类理论及其教学评价观 [J]. 教育测量与评价（理论版）（2）：16-19.

李静波，2013. 影响学生学习效果的关键因素分析 [J]. 新课程：教育学术（4）：58.

李磊，2012. 中学政治教师专业素质调查研究 [D]. 上海：上海师范大学.

李茂，2007. 在与众不同的教室里：8 位美国当代名师的精神档案 [M]. 上海：华东师范大学出版社.

李琼，倪玉菁，萧宁波，2007. 教师变量对小学生数学学习观影响的多层线性分析 [J]. 心理发展与教育（23）：93-99.

李三福，陈秋永，周毅，2012. 中小学生学习质量自评问卷的编制 [J]. 当代教育论坛（教学版）（12）：5-7.

李素华，2005. 对认同概念的理论述评 [J]. 兰州学刊（4）：201-203.

李晓丽，2008. 小学生学习习惯的调查 [D]. 重庆：西南大学.

李晔，刘华山，2000. 教师效能感及其对教学行为的影响 [J]. 教育研究与实验（1）：50-55.

李晔，卢静怡，鲁铱，2013. 对教师胜任力建模中"绩优"标准的思考 [J]. 湖南师范大学教育科学学报（2）：21-24.

李义安，高志芳，2010. 中小学教师职业胜任力的现状与特点分析 [J]. 出国与就业（就业版）（18）：32-33.

李英武，李凤英，张雪红，2005. 中小学教师胜任特征的结构维度 [J]. 首都师范大学学报（社会科学版）（4）：115-118.

李悦辉，2000. 当代优秀中学教师职业素质要素的调查研究 [J]. 信阳师范学院学报（哲学社会科学版），20（1）：75-81.

梁文艳，杜育红，2012. 农村地区家庭社会资本与学生学业成就：中国城镇化背景下西部农村小学的经验研究 [J]. 清华大学教育研究（6）：67-77.

廖传景，胡瑜，朱倩云，2015. 农村中小学教师职业压力、职业倦怠与社会支持的实证研究 [J]. 教师教育学报（2）：26-32.

林崇德，2004. 教育与发展 [M]. 北京：北京师范大学出版社.

林崇德，2009. 发展心理学 [M]. 北京：人民教育出版社.

刘邦凡，2013. 关于农村教师工资问题的研究 [J]. 中国社会科学研究论丛（1）：44-52.

刘成斌，2014. 农村青少年辍学打工及其原因 [J]. 人口研究，38（2）：102-112.

刘冬梅，2012. 教师与"学困生"有效交往策略研究 [D]. 上海：华东师范大学.

刘京莉，2005. 以 SOLO 分类为基础的学生学习质量评价初探 ［J］. 教育学报，1（24）：
　　41-45.

刘立明，2008. 上海高中教师胜任力模型初步构建 ［D］. 上海：上海师范大学.

刘丽红，姚清如，1996. 教师期望对学生学业成绩的影响 ［J］. 心理科学（6）：348-350.

刘蓉，2010. 高中生学业压力、自我效能感及应对方式对学习倦怠的影响 ［D］. 长沙：
　　湖南师范大学.

刘万海，2003. 教师专业发展：内涵、问题与趋势 ［J］. 教育探索（12）：103-105.

刘万伦，沃建中，2005. 师生关系与中小学生学校适应性的关系 ［J］. 心理发展与教育
　　（1）：87-90.

刘在花，2007. 中小学生学习态度研究述评 ［J］. 教育科学研究（6）：47-50.

刘占克，黄成毅，2013. 初中生亲子关系与学习动机的相关研究 ［J］. 科教文汇（5）：
　　56-57.

刘之谦，1993. 初中学生心理与教育 ［M］. 太原：山西高校联合出版社.

刘重庆，2001. 学生学习成就动机训练的实验研究 ［J］. 常州技术师范学院学报，24
　　（3）：63-68.

吕建华，2011. 中学教师胜任素质模型构建与测评 ［D］. 长春：东北师范大学.

罗小兰，林崇德，2010. 基于工作情境下的教师胜任力影响因素 ［J］. 中国教育学刊
　　（2）：80-83.

罗小兰，2007. 教师胜任特质研究的缘起、现状及发展趋势 ［J］. 教育理论与实践，27
　　（12）：42-44.

罗赵华，吴秀娟，2014. 教育"老兵"赤子情：记炎陵县沔渡镇中心小学教师曾书华
　　［J］. 湖南教育，9（B）：10-14.

马红宇，唐汉瑛，汪熹，等，2012. 中小学教师胜任特征模型构建及其绩效预测力研究
　　［J］. 教育研究与实验（3）：77-82.

马雪琴，2014. 农村留守儿童学习状况的实证研究：以甘肃省会宁县某乡镇小学为例
　　［J］. 教育与教学研究，29（5）：10-13.

马艳玲，2011. 谈谈教师对学生学习成绩的影响 ［J］. 新课程（教研版）（12）：140-141.

马艳云，2005. 教师态度对视听觉障碍学生学习动机的影响 ［J］. 中国特殊教育（2）：
　　22-26.

马云鹏，刘学智，2007. 发展性学生评价的理论与方法 ［M］. 长春：东北师范大学出版社.

马子媛，强健，胡秦，2012. 中学班主任胜任力与绩效关系研究 ［J］. 现代教育科学
　　（2）：121-122.

毛新勇，1999. 建构主义学习的质量控制与评价 ［J］. 教育发展研究（3）：43-47.

穆楠. 2013. 论家庭因素与儿童社会化 ［J］. 教育实践与研究（18）：70-72.

欧阳丹，2005. 教师期望、学业自我概念、学生感知教师支持行为与学业成绩之间的关系研究 [D]. 桂林：广西师范大学.

庞晓青，华磊，2013. 教师职业认同：发挥教育机智的必要条件 [J]. 现代教育科学：普教研究 (2)：72-73.

彭林，2009. 衡阳师德标兵事迹报告会 让爱与责任铸就师德之魂 [EB/OL]. (2009-09-10) [2015-06-08]. http://www.hnedu.cn/zx/sz/2084612.shtml.

彭绪富，2007. 学习质量的智能分析模型 [J]. 现代电子技术，30 (1)：153-155.

乔维德，2006. 基于 BP 神经网络的现代远程教育教学质量评价模型的构建 [J]. 中国远程教育 (综合版) (7)：69-71.

邱相彬，童玲，2011. 初中生学习态度与网络游戏行为的相关性研究 [J]. 教学与管理 (理论版) (4)：56-58.

任秀华，陆桂芝，2009. 学业情绪对青少年心理健康发展的影响 [J]. 中小学心理健康教育 (126)：4-9.

荣巨兵，2006. 中学生学习动机、情绪智力与学业成绩关系研究 [D]. 上海：上海师范大学.

邵来成，高峰勤，2005. 中小学教师的职业倦怠现状及其与社会支持的关系研究 [J]. 山东师范大学学报 (人文社会科学版)，50 (4)：150-153.

申仁洪，2007. 学习习惯：概念、构成与生成 [J]. 重庆师范大学学报：哲学社会科学版 (2)：112-118.

沈德立，李洪玉，庄素芳，等，2004. 中小学生的智力、学习态度与其数学学业成就的相关性研究 [J]. 天津师范大学学报 (基础教育版)，1 (2)：1-5.

舒莹，2006. 教师胜任特质研究综述 [J]. 韩山师范学院学报，27 (2)：95-98.

斯滕伯格，威廉姆斯，2003. 教育心理学 [M]. 张厚粲，译. 北京：中国轻工业出版社.

苏霍姆林斯基，2001. 苏霍姆林斯基选集 [M]. 蔡汀，译. 北京：教育科学出版社.

孙利，2011. 教师的职业认同、教学效能感与工作倦怠的关系 [J]. 教学与管理 (理论版) (12)：16-49.

覃丽，王鑫强，张大均，2013. 中学生生命意义感发展特点及与学习动机、学习成绩的关系 [J]. 西南大学学报 (自然科学版)，35 (10)：165-170.

谭美婵，2006. 中小学学生学习态度与教师教育态度的相关研究 [D]. 桂林：广西师范大学.

谭千保，彭阳，钟毅平，2013. 学校适应不良图式对学业成就的影响：学业自我效能感的中介作用 [J]. 中国临床心理学杂志，21 (5)：820-822.

陶德清，1998. 中小学生学习态度的主优势型模式分析 [J]. 心理发展与教育 (3)：33-37.

田海红，2013. 高中教师人格特征对学生学习兴趣的影响研究［D］. 呼和浩特：内蒙古师范大学.

田良臣，刘电芝，2002. 表象思维训练：提高小学低段语文教学质量的实验研究［J］. 课程·教材·教法（10）：30-34.

童富勇，2005. 现代教育新论［M］. 杭州：浙江教育出版社.

涂艳国，2007. 教育评价［M］. 北京：高等教育出版社.

王爱平，车宏生，2005. 学习焦虑、学习态度和投入动机与学业成绩关系的研究［J］. 心理发展与教育（1）：55-59.

王炳成，2011. 学习动机、社会网络与学业成就关系的实证研究［J］. 教育学刊（1）：46-48.

王春艳，2003. 数学学习态度、学习策略对高中生数学学习成绩的影响研究［D］. 长春：东北师范大学.

王春燕，2008. 教师：从职场专业发展走向生命关怀的个体成长：生命哲学视野下教师成长的思考［J］. 全球教育展望，37（6）：58-62.

王等，2013. 论课堂教学中尊重学生的理念及实践策略［J］. 当代教育与文化，5（4）：52-56.

王佳宁，于璐，熊韦锐，等，2009. 初中生亲子、同伴、师生关系对学业的影响［J］. 心理科学（6）：1439-1441.

王俊山，张燕燕，柯慧，2011. 中小学生学习生活质量调查研究：以上海市静安区为例［J］. 上海教育科研（1）：39-43.

王凯荣，辛涛，李琼，1999. 中学生自我效能感，归因与学习成绩关系的研究［J］. 心理发展与教育，4：22-25.

王沛，陈淑娟，2008. 中小学教师工作胜任特征模型的初步建构［J］. 心理科学，31（4）：832-835.

王强，2008. 知德共生：教师胜任力发展研究［D］. 上海：华东师范大学.

王少非，2005. 新课程背景下的教师专业发展［M］. 上海：华东师范大学出版社.

王卫红，张旭，2002. 教师心理素质状况调查与研究［J］. 西南师范大学学报（人文社会科学版），28（5）：72-75.

王有智，王淑珍，欧阳仑，2005. 贫困地区初中生学业自我效能、内部动机与学业成绩的关系研究［J］. 心理科学，28（4）：826-829.

王振宇，刘萍，2000. 动机因素、学习策略、智力水平对学生专业成就的影响［J］. 心理学报，32（1）：65-69.

王忠玲，阮成武，2007. 学校文化激励与初任教师专业发展：初任教师"存活"的三个维度［J］. 中国教育学刊，（11）：74-76.

韦惠惠，2006. 学习型学校校长领导的含义及其实现策略 [J]. 教学与管理（理论版），(12)：13-14.

魏红，胡祖莹，1992. 关于学生评价教师教学质量指标体系的研究 [J]. 教师教育研究 (3)：56-62.

魏淑华，宋广文，2012. 教师职业认同与离职意向：工作满意度的中介作用 [J]. 心理学探新，32（6）：564-569.

魏淑华，2005. 教师职业认同与教师专业发展 [D]. 曲阜：曲阜师范大学.

魏淑华，2008. 教师职业认同研究 [D]. 重庆：西南大学.

邬开东，2006. 论促进学生发展的教学交往 [D]. 芜湖：安徽师范大学.

吴光勇，黄希庭，2003. 当代中学生喜爱的教师人格特征研究 [J]. 教育研究与实验 (4)：43-47.

吴湘萍，徐福缘，周勇，2006. 高校教师工作绩效的影响因素分析 [J]. 华东师范大学学报（教育科学版），24（1）：30-37.

肖第郁，钟子金，2010. 农村中小学教师职业压力的调查与思考 [J]. 教育学术月刊 (1)：93-96.

辛涛，申继亮，林崇德，1994. 教师自我效能感与学校因素关系的研究 [J]. 教育研究 (10)：16-20.

辛向，2001. 中小学生的学业成就动机的发展及性别差异的研究 [J]. 社会心理科学，4 (1)：25-29.

歆君，2014. 与音乐共舞：祁阳县陶铸中学音乐教师伍小艳侧记 [R/OL]. (2014-05-20) [2015-06-08] http：//shide. hnjy. com. cn/index. phpm = content&c = index&a = show&catid = 8&id = 1920.

邢强，孟卫青，2003. 未来教师胜任力测评：原理和技术 [J]. 开放教育研究 (4)：39-42.

徐斌艳，2006. 教师如何成为学生的理解者 [J]. 全球教育展望，35（3）：36-40.

徐恩芹，刘美凤，2005. 我国中小学教师对教学资源需求的调查报告 [J]. 中国电化教育 (3)：74-77.

徐富明，申继亮，2003. 教师的职业压力应对策略与教学效能感的关系研究 [J]. 心理科学，26（4）：745-746.

徐建平，谭小月，武琳，等，2011. 优秀中小学教师胜任特征分析 [J]. 教育学报 (1)：48-53.

徐建平，2004. 教师胜任力模型与测评研究 [D]. 北京：北京师范大学.

阳锡叶，袁愈雄，梁丹，2015. "身价百亿"的村小特级教师 [N]. 中国教师报，2015-11-04 (4).

杨惠萍，2005. 小学生不良课后学习习惯调查研究［D］. 兰州：西北师范大学.

杨钋，2009. 同伴特征与初中学生成绩的多水平分析［J］. 北京大学教育评论，(4)：
　　50-64.

杨晓丽，2007. 建构需求导向的农村教师教育体系：湖北省 751 位农村教师调查问卷分析
　　［J］. 社会主义研究 (6)：48-50.

杨忠辉，2002. 论影响学生学习质量的因素［J］. 浙江万里学院学报 (9)：103-106.

姚德雯，严林峰，刘革，2011. 初中生认知风格、学习动机、学习策略与学业成绩的关系
　　［J］. 心理研究，4 (6)：92-96.

姚恩菊，陈旭，韩元亚，2009. 胜任力和应对策略对教师职业压力的影响［J］. 心理发展
　　与教育 (2)：103-108.

叶澜，1998. 新世纪教师专业素养初探［J］. 教育研究与实验 (1)：41-46.

叶澜，白益民，王枬，2001. 教师角色与教师发展新探［M］. 北京：教育科学出版社.

殷玉新，王德晓，2016. 优秀教师的基本特质：透视美国"年度教师"的秘密［J］. 比较
　　教育研究 (1)：45-51.

于飞飞，2013. 中小学教师职业倦怠现状及其与社会支持、主动性人格的关系研究：以 Q
　　市教师为例［D］. 南京：南京师范大学.

余亭蓉，李舒，2014. 城乡初中生学习策略差异与学习成绩关系的研究［J］. 科教文汇，
　　2 (下)：6-8.

余悦，2012. 教师教学风格对学生学习成绩的影响：学业自我效能感、学习兴趣的中介作
　　用［D］. 上海：上海师范大学.

俞国良，董妍，2005. 学业情绪研究及其对学生发展的意义［J］. 教育研究 (10)：39-43.

岳儒芳，2003. 学习态度、方法与中学生数学成绩的相关研究［J］. 保定师范专科学校学
　　报 (2)：62-64.

曾晓东，2004. 对中小学教师绩效评价过程的梳理［J］. 教师教育研究 (1)：47-51.

詹小利，2011. 当代中小学优秀教师专业素质的系统研究：以《教育文摘周报》中的 108
　　位优秀教师为对象［D］. 重庆：西南大学.

张宝歌，姜涛，2009. 初中生师生关系对学业成绩的影响研究［J］. 心理科学，32 (4)：
　　1015-1017.

张仓焕，侯耀先，2012. 义务教育均衡发展之难点：农村教育质量：目前农村学生学习现
　　状的调查与分析［J］. 价值工程，31 (16)：222-223.

张大均，2011. 教育心理学［M］. 2 版. 北京：人民教育出版社.

张大均，江琦，2005. 教师心理素质与专业性发展［M］. 北京：人民教育出版社.

张大均，2006. 教学心理学纲要［M］. 北京：人民教育出版社.

张凤兰，石秀印，唐燕，2003. 师生关系与学习成绩之间的关联［C］. 杭州：中国心理卫

生协会第四届学术大会论文汇编.

张宏如，沈烈敏，2005. 学习动机、元认知对学业成就的影响 [J]. 心理科学，28（1）：114–116.

张洪霞，2010. 农村初中生自尊、社会支持与主观幸福感的相关研究 [D]. 聊城：聊城大学.

张鸿，2005. 关注学生学习风格差异的课堂教学反思 [D]. 成都：四川师范大学.

张建桥，2011. 农村中小学教师评价的五大困境、归因及建议：基于布迪厄场域理论的思考 [J]. 教育理论与实践（中小学教育教学版），31（6）：22–24.

张静，刘靖文，吴庆麟，2012. 初中生成就目标，元认知，自我效能感与学业成绩的关系模型 [J]. 心理研究，5（1）：85–88.

张丽萍，陈京军，刘艳辉，2011. 农村教师职业认同问卷的编制 [J]. 当代教育论坛（9）：10–12.

张丽萍，2014. 农村中小学教师职业认同与专业发展的实证研究 [M]. 长沙：湖南科学技术出版社.

张林，张向葵，2003. 中学生学习策略运用、学习效能感、学习坚持性与学业成就关系的研究 [J]. 心理科学，26（4）：603–607.

张林，张向葵，2006. 中学生学习策略的结构与使用特点 [J]. 心理科学，29（1）：98–102.

张晓兰，2012. 初中生学校归属感、自我效能感与学业成绩的关系研究 [D]. 西安：陕西师范大学.

张野，李其维，张珊珊，2009. 初中生师生关系的结构与类型研究 [J]. 心理科学，32（4）：804–807.

张永，2010. 基于自我认同的职业认同研究取向 [J]. 国外职业教育（4）：43–47.

赵必华，2013. 影响学生学业成绩的家庭与学校因素分析 [J]. 教育研究（3）：88–97.

赵川平，2005. 质量标准：提高学习质量的立足点 [J]. 黑龙江高教研究（10）：94–96.

郑友训，2006. 教学的自信：教师走向成功的必备品质 [J]. 教育发展研究（14）：39–42.

郑有珠，2010. 初中教师职业压力应对策略与自我效能感 [J]. 三明学院学报，27（3）：272–275.

周春良，2014. 卓越教师的个性特征与成长机制研究 [D]. 上海：华东师范大学.

周德义，于发友，李敏强，等，2012. 农村中小学教师培训的实践探索：以湖南省为例 [J]. 教育研究（7）：92–97.

周玉婷，2008. 从思想意识层面着手提高农村学生学习质量 [J]. 考试周刊，52：210–211.

朱宁波, 2002. 中小学教师专业发展的理论与实践 [M]. 长春：吉林人民出版社.

朱晓颖, 2007. 幼儿教师胜任力问卷的编制及初步运用 [D]. 南昌：江西师范大学.

朱旭东, 周钧, 2007. 教师专业发展研究述评 [J]. 中国教育学刊 (1)：68-73.

株洲教育网, 2011. 大山深处育芬芳 大爱无声铸师魂 [EB/OL]. (2011-09-10) [2015-06-08]. http：//www. zzedu. gov. cn/Item/Show. asp？d＝30384&m＝1.

邹泓, 屈智勇, 叶苑, 2007. 中小学生的师生关系与其学校适应 [J]. 心理发展与教育 (4)：77-82.

Ang R P, 2005. Development and validation of the teacher-student relationship inventory using exploratory and confirmatory factor analysis [J]. The Journal of Experimental Education, 74 (1)：55-74.

Beijaard D, 1995. Teachers' prior experiences and actual perceptions of professional identity [J]. Teachers & Teaching Theory & Practice, 1：281-294.

Berg R V D, 2002. Teachers' meanings regarding educational practice [J]. Review of Educational Research, 72 (4)：577-625.

Bisschoff T, Grobler B, 1998. The management of teacher competence [J]. Journal of In-service Education, 24 (2)：191-211.

Boyatzis R E, 1982. The competent manager：a model for effective performance [M]. New York：Wiley.

Conway P F, 2001. Anticipatory reflection while learning to teach：from a temporally truncated to a temporally distributed model of reflection in teacher education [J]. Teaching & Teacher Education, 17 (1)：89-106.

Cruickshank D R, 1985. Profile of an effective teacher [J]. Educational Horizons, 64 (2)：80-86.

Dam G T M T, Blom S, 2006. Learning through participation：the potential of school-based teacher education for developing a professional identity [J]. Teaching & Teacher Education, 22 (6)：647-660.

Danielson C, 1996. Enhancing professional practice：a framework for teaching [M]. Association for Supervision & Curriculum Development.

Darling-Hammond L, Youngs P, 2002. Defining "highly qualified teachers"：what does "scientifically-based research" actually tell us? [J]. Educational Researcher, 31 (9)：13-25.

Dillabough J A, 1999. Gender politics and conceptions of the modern teacher：women, identity and professionalism [J]. British Journal of Sociology of Education, 20 (3)：373-394.

Efklides A, Volet S, 2005. emotional experiences during learning：multiple, situated and dynamic [J]. Learning & Instruction, 15 (5)：377-380.

Eva K W, Munoz J, Hanson M D, et al. , 2010. Which factors, personal or external, most influence students' generation of learning goals? [J]. Academic Medicine, 85 (10): S102-S105.

Flanagan J C, 1954. The critical incident technique [J]. Psychological Bulletin, 51: 327-358.

Gläser-Zikuda M, Fuß S, 2008. Impact of teacher competencies on student emotions: a multi-method approach [J]. International Journal of Educational Research, 47: 136-147.

Goetz T, Frenzel A C, Hall N C, et al. , 2008. Antecedents of academic emotions: testing the internal/external frame of reference model for academic enjoyment [J]. Contemporary Educational Psychology, 33 (1): 9-33.

González-Morales M G, Rodríguez I, Peiró J M, 2010. A longitudinal study of coping and gender in a female-dominated occupation: predicting teachers' burnout [J]. Journal of Occupational Health Psychology, 15 (1): 29.

Goodson I F, Cole A L, 1994. Exploring the teacher's professional knowledge: constructing identity and community [J]. Teacher Education Quarterly, 21 (1): 85-105.

Heneman III H G, Milanowski A T, 2004. Alignment of human resource practices and teacher performance competency [J]. Peabody Journal of Education, 79 (4): 108-125.

Houston W R, Howsam R B, 1974. CBTE: the eyes of Texas [J]. The Phi Delta Kappan, 55 (5): 299-303.

Hoyle E, 1980. Professionalization and deprofessionalization in education [M] //Hoyle E, Megarry J. World yearbook of education 1980: professional development of teachers. London: Kogan.

Kabilan M K, 2005. Online professional development: a literature analysis of teacher competency [J]. Journal of Computing in Teacher Education, 21 (2): 51-57.

Kaendler C, Wiedmann M, Rummel N, et al. , 2014. Teacher competencies for the implementation of collaborative learning in the classroom: a framework and research review [J]. Educational Psychology Review, 27 (3): 1-32.

Kember D, Leung D Y P, 2009. Development of a questionnaire for assessing students' perceptions of the teaching and learning environment and its use in quality assurance [J]. Learning Environments Research, 12 (1): 15-29.

Kong C K, 2008. Classroom learning experiences and students' perceptions of quality of school life [J]. Learning Environments Research, 11 (2): 111-129.

Kunter M, Klusmann U, Baumert J, et al. , 2013. Professional competence of teachers: effects on instructional quality and student development [J]. Journal of Educational Psychology, 105 (3): 805-820.

Lieberman A, 1994. Teacher development commitment and challenge [M] //Grimmett P P, Neufiled J. Teacher development and the struggle for authenticity: professional growth and restructuring in the context of change. New York: Teachers College.

Mayer D E, 1999. Building teaching identities: implications for preservice teacher education [C]. Australian Association for Research in EducationConference. AARE.

Mcber H, 2000. Research into teacher effectiveness : a model of teacher effectiveness [J]. Early Professional Development Of Teachers, 68.

Mcclelland D C, 1973. Testing for competence rather than for "intelligence" [J]. American Psychologist, 28 (1): 1-14.

Melucci, A, 1996. The playing self: person and neaning in the planetary society [M]. Cambridge: Cambridge University Press.

Merrell K W, Felver-Gant J C, Tom K M , 2011. Development and validation of a parent report measure for assessing social – emotional competencies of children and adolescents. [J]. Journal of Child & Family Studies, 20 (4): 529-540.

Meyer C A, 1992. What's the difference between "authentic" and "performance" assessment? [J]. Educational Leadership, 49 (8): 39-40.

Olson C O, Wyett J L , 2000. Teachers need affective competencies [J]. Education, 120 (4): 741.

Paechter C , 1996. Gender, identity, status and the body: life in a marginal subject [J]. Gender and Education, 8 (1): 21-30.

Pekrun R, Goetz T, Titz W, et al. , 2002. Academic emotions in students' self – regulated learning and achievement: a program of qualitative and quantitative research [J]. Educational Psychologist, 37 (2): 91-105.

Perry P , 1980. Professional development: the inspectorate in England and wales [M] //Hoyle E, Megarry J. World yearbook of education 1980: Professional development of teachers. London: Kogan.

Prasertcharoensuk T, Somprach K, Ngang T K, 2015. Influence of teacher competency factors and students' life skills on learning achievement [J]. Procedia–Social and Behavioral Sciences, 186: 566-572.

Preuss E, Hofsass T, 1991. Integration in the federal republic of germany: experiences related to professional identity and strategies of teacher training in Berlin [J]. European Journal of Teacher Education, 14: 131-137.

Ruthig J C, Perry R P, Hladkyj S, et al. , 2008. Perceived control and emotions: interactive effects on performance in achievement settings [J]. Social Psychology of Education, 11 (2): 161-180.

Ryan A M, 2001. Peer groups as a context for the socialization of adolescents' motivation, engagement and achievement in school [J]. Educational Psychologist, 35 (2): 101-111.

Sachs J, 2001. Teacher professional identity: competing discourses, competing outcomes [J]. Journal of Education Policy, 16 (2): 149-161.

Sadler P M, Sonnert G, Coyle H P, et al., 2013. The influence of teachers' knowledge on student learning in middle school physical science classrooms [J]. American Educational Research Journal, 50: 1020-1049.

Schunk D H, 1990. Introduction to the special section on motivation and efficacy [J]. Journal of Educational Psychology (82): 3-6.

Schunk D H, 1990. Introduction to the special section on motivation and efficacy [J]. Journal of Educational Psychology, 82 (1): 3.

Slivar B, 2001. The syndrome of burn out, self-image, and anxiety with grammar school students [J]. Horizons of Psychology, 10 (2): 21-32.

Spencer L M, Spencer S M, 1993. Competence at work: models for superior performance [M]. New York : John Wiley & Sons, Inc.

Sugrure C, 1997. Student teachers' lay theories and teaching identities: their implications for professional development [J]. European Journal of Teacher Education, 20 (3): 213-225.

Volkmann M J, Anderson M A, 1998. Creating professional identity: dilemmas and metaphors of a first-year chemistry teacher [J]. Science Education, 82 (3): 293-310.

Wamala R, Seruwagi G, 2013. Teacher competence and the academic achievement of sixth grade students in Uganda [J]. Journal of International Education Research, 9: 83-90.

Wentzel K R, Barry C M N, Caldwell K A, 2004. Friendships in middle school: influences on motivation and school adjustment [J]. Journal of educational psychology, 96 (2): 195-203.

Young J, Graham R, 1998. Curriculum, identity, and experience in multicultural teacher education [J]. Alberta Journal of Educational Research, 44 (4): 397-407.

后　记

　　2008年，我领衔申报了湖南省高校农村教育改革与发展研究基地，试图依托一个共同的平台，组织一群有共同愿景的湖南科技大学教育学院的教师及学界同人，围绕农村教育问题开展系列研究。当时，我们意识到共同平台的运转和共同愿景的实现，应该需要共同行动去推动。2009年，我组织教育学和心理学专业的教师共同申报了国家社会科学基金教育学一般课题"农村中小学教师胜任特质与学生学习质量的实证研究"。有幸，课题立项成功，这给了我们极大的鼓励，也使我们进一步坚信自己的选题方向和研究领域。

　　愿望永远是美好的，现实总是充满着诸多磨砺。研究问卷的编制、研究数据的采集、教师数据与学生数据的匹配等，总是在不同时段延缓我们行动的步伐。在相关单位的支持下，课题组成员齐心协力，逐步解决了这些问题，并将相关成果梳理成书。

　　在本书即将付梓之际，要感谢的人很多。唐之享先生、王柯敏教授、肖国安教授、张放平教授、刘建武教授、夏智伦博士、王键教授、周德义教授、姜正国教授、田刚研究员、田银华教授、刘德顺教授、全国教育科学规划领导小组办公室的各位专家以及湖南科技大学、湖南省教育科学研究院和湖南科技职业学院的诸多同人自始至终关心、支持本课题研究，衷心感谢各位领导、专家的真诚关怀和大力支持。

　　课题组核心成员谭千保博士、陈京军博士在课题研究的推进中，不仅在研究方案上精心设计，而且在研究数据分析上尽心尽力。课题组成员黄甜老师、罗荣老师、向东春博士、王贤文博士在资料收集与整理上付出了辛勤劳动。我的博士研究生曾强同学、硕士研究生周毅和吴姝璇同学围绕项目选题，进行了许多准备工作。湖南师范大学的占友龙博士，上海师范大学的李丹、湖南科技大学的邝娅、龚琳涵、张雅琦、肖倩怡等同学，长沙青竹湖湘一外国语学校张雅老师，在文献整理和书稿校对上做了大量的工作。在此，对课题组成员的辛勤劳动一并表示感谢。

在课题研究中，我们采集了大量的调查数据，收集了许多研究案例，这些为书稿的最终完成奠定了坚实基础。这些工作的顺利完成离不开永州市教育科学研究院、湘潭市教育科学研究的支持，更与唐佐明、罗大红等同人的实际帮助密不可分，对他们的感谢不仅留存在字里行间，更永存心中。同时，感谢参与问卷调查的广大中小学教师和中小学生，他们的积极参与为课题研究提供了有益的素材。

每当我在教育研究领域小有收获时，都会由衷地感谢引我进入教育学研究殿堂的硕士生导师袁振国教授，不断督促、激励我前行的博士生导师熊川武教授、博士后合作导师曾天山研究员，以及在做人、做事、为学、处世等方面率先垂范、润物无声、堪为人师的已故先师王凤飞先生。

本书从开始撰写到最终出版，数易其稿，虽然我们全力以赴，以求完美，但书中亦有可能出现不妥或不完善的地方，敬请读者批评与指正。为了更为充分地阐释、演绎相关论题，我们在书中引用了许多相关文献，虽然做了详尽注释，但难免有所遗漏。在此，谨对各位方家致以崇高的敬意和诚挚的感谢。

我们坚信，本书的出版只是我们课题研究阶段性的总结，不是我们对相关领域问题研究的终结。我们更为坚定的愿景是促使课题组成员饶有兴趣地关注农村中小学教育，关爱农村中小学生，关心农村中小学教师，也更为迫切地期待有更多、更新的相关研究成果和实际行动如雨后春笋般不断涌现。

本书能顺利出版，教育科学出版社的编辑老师们付出了艰辛的劳动，在此，深表谢意。

李三福
2015 年 9 月 16 日